Okno

traduki

Die Herausgabe dieses Werks wurde gefördert durch TRADUKI, ein literarisches Netzwerk, dem das Bundesministerium für europäische und internationale Angelegenheiten der Republik Österreich, das Auswärtige Amt der Bundesrepublik Deutschland, die Schweizer Kulturstiftung Pro Helvetia, die Interessengemeinschaft Übersetzerinnen Übersetzer (Literaturhaus Wien) im Auftrag des Bundesministeriums für Kunst, Kultur, öffentlichen Dienst und Sport der Republik Österreich, das Goethe-Institut, die S. Fischer Stiftung, die Slowenische Buchagentur, das Ministerium für Kultur und Medien der Republik Kroatien, das Ministerium für Gesellschaft und Kultur des Fürstentums Liechtenstein, die Kulturstiftung Liechtenstein, das Ministerium für Kultur der Republik Albanien, das Ministerium für Kultur und Information der Republik Serbien, das Ministerium für Kultur Rumäniens, das Ministerium für Bildung, Wissenschaft, Kultur und Sport von Montenegro, die Leipziger Buchmesse, das Ministerium für Kultur der Republik Nordmazedonien und das Ministerium für Kultur der Republik Bulgarien angehören.

JAK SLOVENIAN BOOK AGENCY

Diese Ausgabe wurde durch die Slowenische Buchagentur ermöglicht.

Ein verlagsneues Buch kostet in ganz Deutschland und Österreich jeweils dasselbe. Das liegt an der gesetzlichen Buchpreisbindung, die dafür sorgt, dass die kulturelle Vielfalt erhalten und für die Leser:innen bezahlbar bleibt. Also: Egal ob im Internet, in der Großbuchhandlung, beim lokalen Buchhändler, im Dorf oder in der Stadt – überall bekommen Sie Ihre verlagsneuen Bücher zum selben Preis.

Dieses Buch ist zuerst auf Slowenisch unter dem Titel *Balkanalije*
bei Beletrina Academic Press in Ljubljana erschienen.

Druck und Bindung: Polygraf Print
Printed in Slovakia
ISBN: 978-3-96428-115-9
www. jacobystuart.de

FSC www.fsc.org MIX Aus verantwortungsvollen Quellen FSC® C023577

Klimaneutral Druckprodukt ClimatePartner.com/13916-1911-1001

Ljubljana 1963

Samira Kentrić

BALKANALIEN

Erwachsenwerden in Zeiten des Umbruchs

Aus dem Slowenischen von

Barbara Anderlič

Verlagshaus Jacoby Stuart

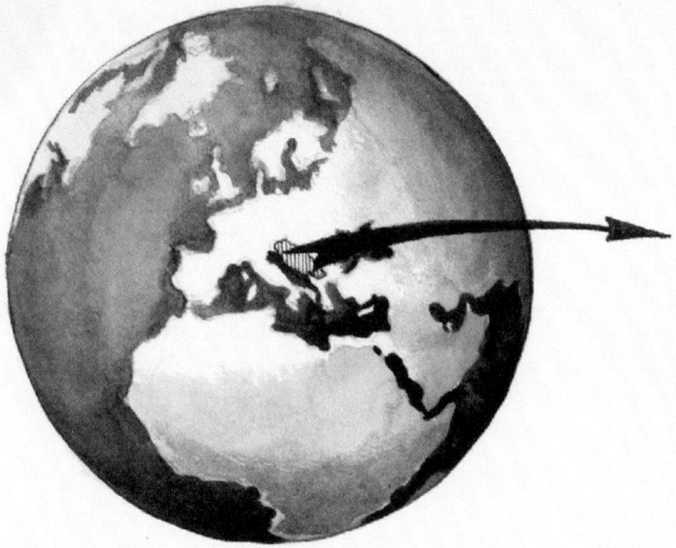

Europa
Balkan
Jugoslawien

1. Slowenien
2. Kroatien
3. Bosnien und Herzegowina
4. Serbien
4/1 Vojvodina
4/2 Kosovo
5. Montenegro
6. Nordmazedonien

Balkanalien

Die vor Ihnen liegende Geschichte beginnt in der Sozialistischen Föderativen Republik Jugoslawien als Sozialporträt eines Kindes, das in einer Gastarbeiterfamilie aufgewachsen ist. Das Kind wuchs zu der Person heran, die ich – Pi mal Daumen – heute bin, also erlaube ich mir zu behaupten, dass die Geschichte so gut wie aus dem Leben gegriffen ist. Der Mangel an fiktiven Elementen macht sie vielleicht nicht besonders außergewöhnlich, aber das sollte niemanden davon abhalten, die Geschichte zu lesen.

Das Kind wuchs unter ungewöhnlichen Umständen auf. Mit einem Vater, der einmal Viehhirte gewesen war, und einer Mutter, die Teppiche weben konnte. Seine Eltern tauschten ihr muslimisch-ländliches Umfeld gegen ein katholisch-urbanes aus und wurden Inlandsmigranten in Jugoslawien, einem Land, das eines über alles andere stellte – die Arbeiter. Die Arbeiterschaft.

Außerdem war da noch die Schwester, die zu klug war, um sich Dinge vorschreiben zu lassen, und zu ungeduldig, um anderen Vorschriften zu machen. Ihre Sturheit diente als perfektes Vorbild für Rebellentum, und mit ihr an der Seite konnte man unzählige Streiche spielen.

Das Kind wuchs mit alledem auf, wuchs über die Grenzen der eigenen Familie hinaus und öffnete sich langsam für die Einflüsse der Gesellschaft.

Die befand sich aber im Umbruch. Das Ideal der horizontalen, gleichberechtigten Gesellschaft und die mythische Figur des Arbeiters gingen urplötzlich vor der Überzeugung in die Knie, dass man mit genügend Geschick und Einfallsreichtum mehr als die anderen erreichen kann, und es folglich gerechtfertigt ist, die Schwächeren zurückzulassen. Benachteiligt, ausgebeutet, schikaniert wurden immer nur die anderen, die man besser ließ, wo sie waren.

Aber war das tatsächlich so in Ordnung? Das Kind hatte seine Zweifel – daher rührte auch sein großer Wissensdrang, seine Besessenheit, Verhaltensmuster, Paradoxe, Symbole und die ihm schon mit der Muttermilch eingeflößte Ideologie zu verstehen. Dank dieser hält es weiterhin den scheinbar eingeschlummerten rebellischen Geist der Solidarität aufrecht.

Ein Kind des Sozialismus, als der Sozialismus auf jenem komischen Fleckchen Erde, das wir Balkan nennen, schon dem Untergang geweiht war.

Mehr als ein Jahrzehnt ist vergangen, seitdem mich der Künstler Hüseyin Bahri Alptekin auf die türkische Bedeutung des Wortes Balkan aufmerksam gemacht hat. Das Gebiet erhielt seinen Namen von den Türken, die es als Gebirgsland mit vielen Wäldern definierten. Weitaus mehr überraschte mich aber die Tatsache, dass das Wort auch als Zusammensetzung der Wörter „bal" und „kan" verstanden werden kann, Türkisch für „Honig" und „Blut". Auslöser für Hüseyins Exkurs war der Titel einer unserer Installationen, die meine Kollegin und Freundin Tina Kolenik und ich „Blood Is Sweeter Than Honey" getauft hatten. In seinen Augen hatten wir den Nagel auf den Kopf getroffen und waren zufällig auf das Wesen des geografischen Raums gestoßen, in dem wir lebten: Dieser Raum schätzt Blut weitaus mehr als Honig. Hatte Hüseyin tatsächlich recht? Und wenn ja, wie sollte man für diese Tatsache Worte finden?

Es war ein zufälliges Treffen von Künstlern, und Künstler hegen von Natur aus eine Vorliebe für Doppeldeutigkeiten, für geglückte Wortspiele und flinke Ideen, denen man aber nicht zu viel Gewicht beimessen sollte.
Ich bin aber mit den türkischen Wörtern in meiner Sprache aufgewachsen, und so haben sich mir neben „insan", „horoz" und „tava"* plötzlich auch „bal" und „kan" ins Gedächtnis eingeprägt.
Das Leben lief weiter, aber Honig und Blut wollten nicht in Vergessenheit geraten. Beide verlangten danach, ihr Verhältnis in Worte gefasst und anerkannt zu sehen. Das ist also der Ursprung der Balkanalien. Sie sind die Frucht des immerwährenden Paarungsrituals von „bal" und „kan".

Danke, Hüseyin.

*Mensch, Hahn, Pfanne

Prolog

Bosnien ist weit weg

Um 16:12 Uhr kommt Vater nach Hause. Es gibt Mittagessen, dann herrscht Ruhe.
Liegend schaut er an die Decke und wälzt sich hin und her. Manchmal steht er auf und geht in den Keller einen Apfel holen, schneidet ihn in Stücke und steckt sie mit Andacht in den Mund.
Er spricht wenig, und wenn, dann nur, um mit uns zu schimpfen.
Wir sind das gewohnt; tun so, als würden wir sein Spielchen mitmachen. Wenn wir nicht laut sind, wird auch er nicht laut. Und so liest jede in ihrer Ecke ein Buch aus dem Bücherstapel.

Mutter kommt erst, wenn das Haus längst kalt und dunkel ist.
Keine Zeit für Sentimentalitäten. Auch sie legt sich schlafen.
Vater schläft aber nicht. Er zählt seine Schäfchen.

Versucht, sich an ihre Namen zu erinnern.

Nur ein unkonzentrierter Moment, und man stürzt in die Tiefe. Vater ist sich dessen bewusst. Als Bauarbeiter lebt er im Augenblick, auch wenn er für die Zukunft baut. Aber während der Arbeit bleibt keine Zeit für Träumereien.

Dasselbe gilt für Mutter. Sie arbeitet in einer dröhnenden Fabrik und hat die Arbeitsnorm zu erfüllen.
Manchmal verfangen sich die Haare der Arbeiterinnen in den Maschinen.
Schreeecklich!
Mutter sagt immer: „Lange Haare sind unpraktisch."
Also sind unsere Haare kurz.

Durch ihre Arbeit hat Mutter Anspruch auf Zusatzrente.
Angeblich heißt das, sie muss schneller arbeiten als die anderen
und kann dadurch früher mit dem Arbeiten aufhören.
Ich verstehe das nicht.
Wie kann sie bei uns wohnen,
wenn sie schon in der Zeit voraus ist?
Und wenn ich sie bei der Arbeit beobachte,
blicke ich dann in die Zukunft?
Hmmm … am besten frage ich Amela.
„Amela, Ameeelaaa?!"

VOR MEINER ZEIT

Wollte Vater ein Haus in der Vorstadt und uns und meine Mutter? Ja, bestimmt.
Ein Arbeiter im Junggesellenheim hat wahrscheinlich nicht vor, auf ewig dort zu bleiben.
Ich sehe ihn vor mir, wie er nach Feierabend im Kinosaal hockt und Sophia Loren ihm versichert, dass es erlaubt ist zu träumen.
Und dass er nicht allein ist.
"don't make waves"
make love
NE PLAČI PETRE
BRIGITTE BARDOT

TRIGLAV FILM
RAQUEL WECH
ONE MILLION YEARS B.C.
nad-stavba
stavba
baza
NA SVOJI ZEMLJI
Proizvodnja: TRIGLAV FILM LJUBLJANA 1948
SUTJESKA
DŽABA SI KREČIO
GREASE
VESNA
JAT
PROGLAS

Izet Sarajlić

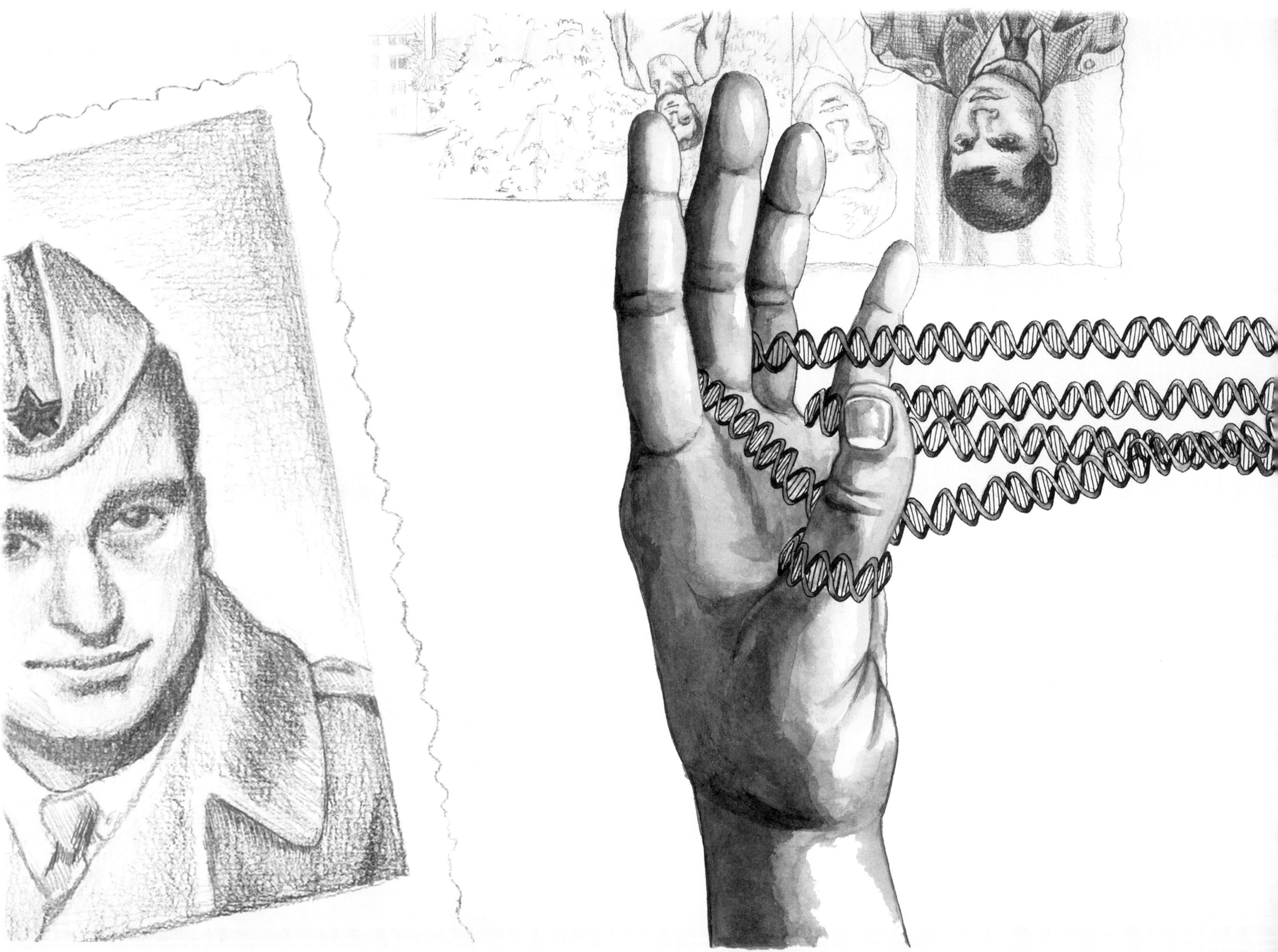

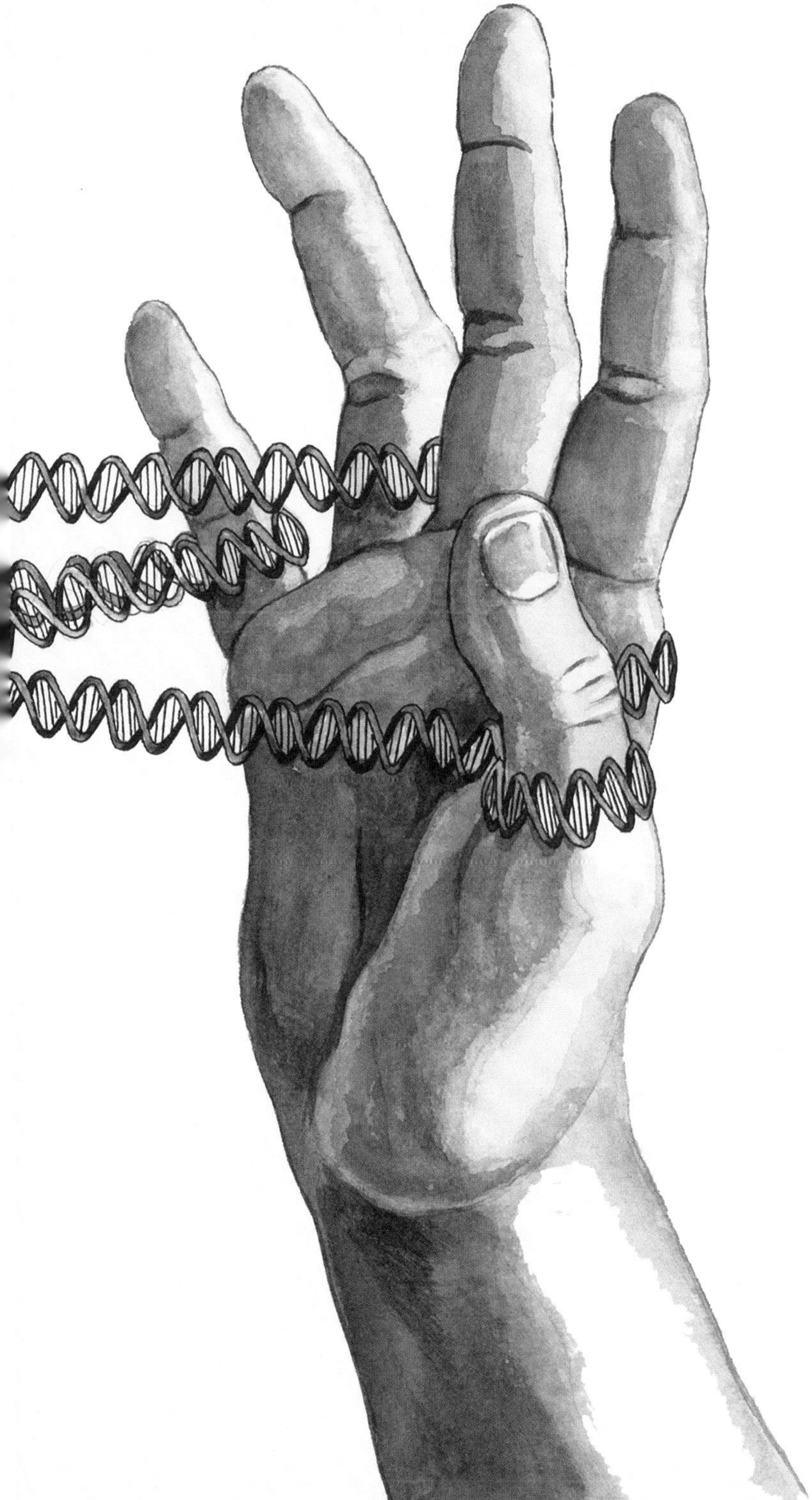

DNA

Meiner Mutter fiel Vater erstmals auf einem Bild auf.
„Mein Bruder ist noch Junggeselle“, sagte meine Tante und nickte dabei.

Die Tante ist ganz besonders. Durch Handauflegen heilt sie die Menschen.
Wenn sie die Blockaden durchmassiert hat, ist mal ein Bruch geheilt, ein andermal eine Frau fruchtbar.
Bioenergie nennt das die Tante.
Damit hat sie im Dorf eine besondere Stellung.

Die Tante schickte ihren Bruder zu meiner Mutter.

Zwei Jahre waren vergangen, seit meine Mutter ihre Mutter verloren hatte. Nach neun Geburten und fünf toten Kindern war ihr eines Tages das Herz zersprungen. Später, noch am Abend desselben Tages, erschien sie am Bett meiner Mutter und gab ihr auf, was sie als ihre älteste Tochter zu tun hatte. Für den Bruder sollte sie Winterschuhe kaufen, der neue Kühlschrank konnte noch warten.
So war es dann auch.

Erst als sie alles erledigt hatte, fiel meiner Mutter das Porträt meines Vaters auf.

Auch mein Vater war dazu erzogen worden, Verantwortung zu übernehmen.
Schon als Jugendlicher schickte er Geld nach Hause.
Aber war es wirklich sein Zuhause?

An den Vater konnte er sich nicht erinnern; eine lokale Bande hatte ihn im Schlafanzug erschossen.
Nach seinem Tod hielt es die Mutter nicht länger aus im Haus der väterlichen Verwandten.
Sie ließ auch die drei Kinder zurück.
Bald hatte sie einen neuen Mann und ein neues Kind.
Wenn sie die Kinder besuchen kam, sprangen sie ihr nicht in die Arme.

Auch solch eine Kindheit geht einmal zu Ende, und mit meiner Mutter bekam mein Vater eine zweite Chance auf ein richtiges Familienleben.

Mutter folgte Vater nach.
Beide schlossen sich Tausenden anderen an, die fortan nur noch zu den höchsten und wichtigsten Feiertagen nach Bosnien zurückkehrten.

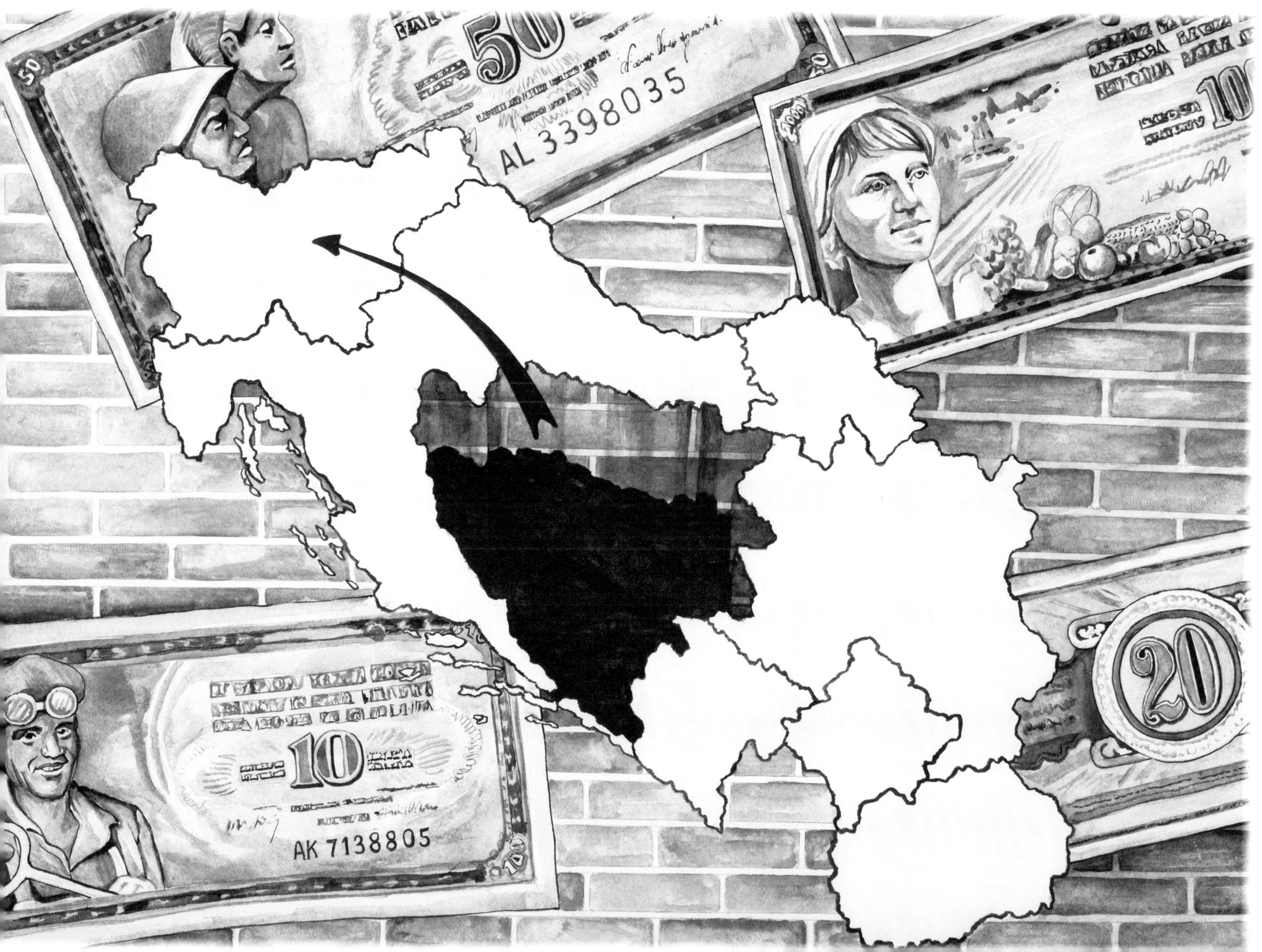
50
AL 3398035
10
AK 7138805
20

HIER BIN ICH

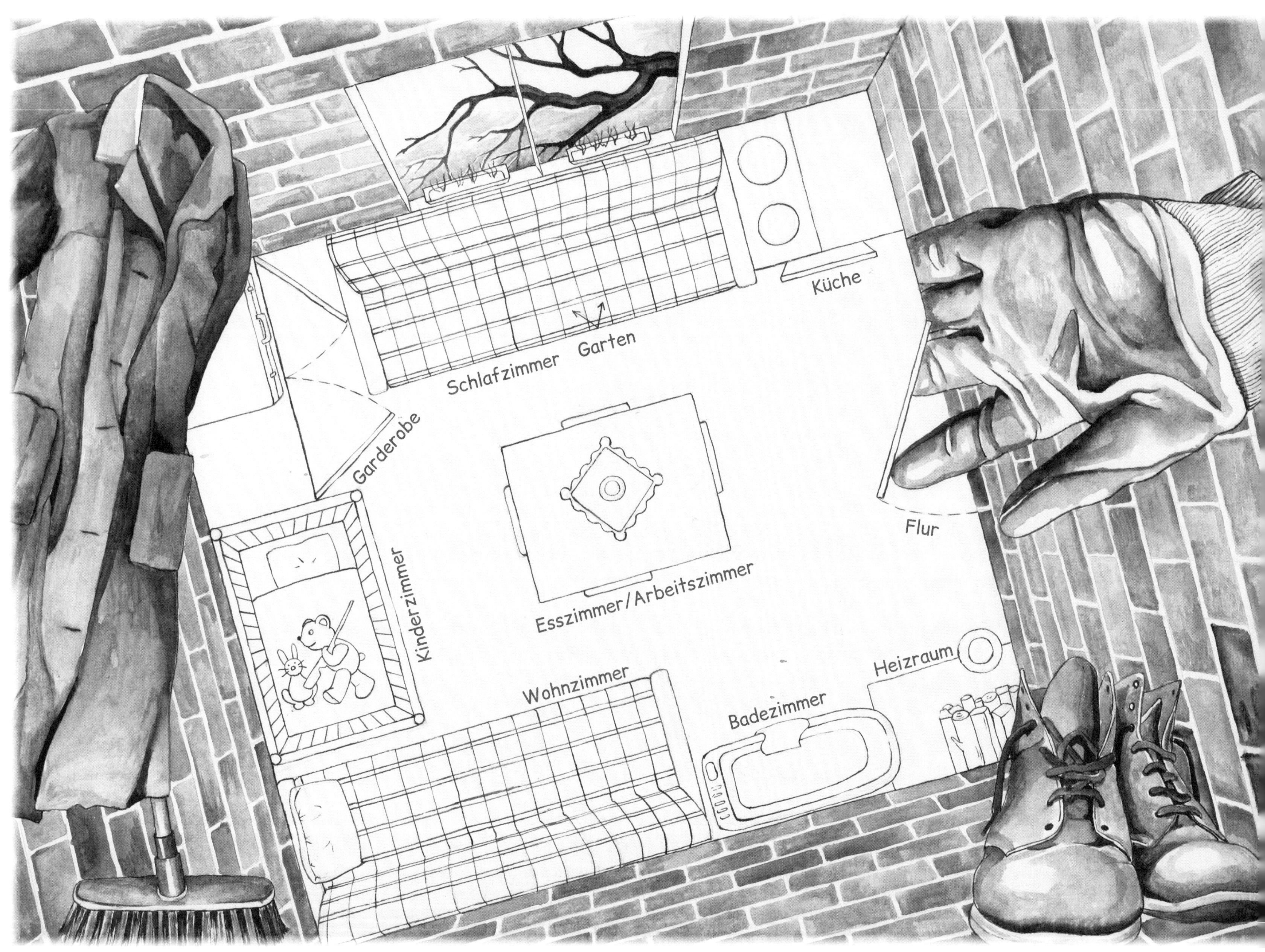

Küche
Garten
Schlafzimmer
Garderobe
Flur
Kinderzimmer
Esszimmer/Arbeitszimmer
Heizraum
Wohnzimmer
Badezimmer

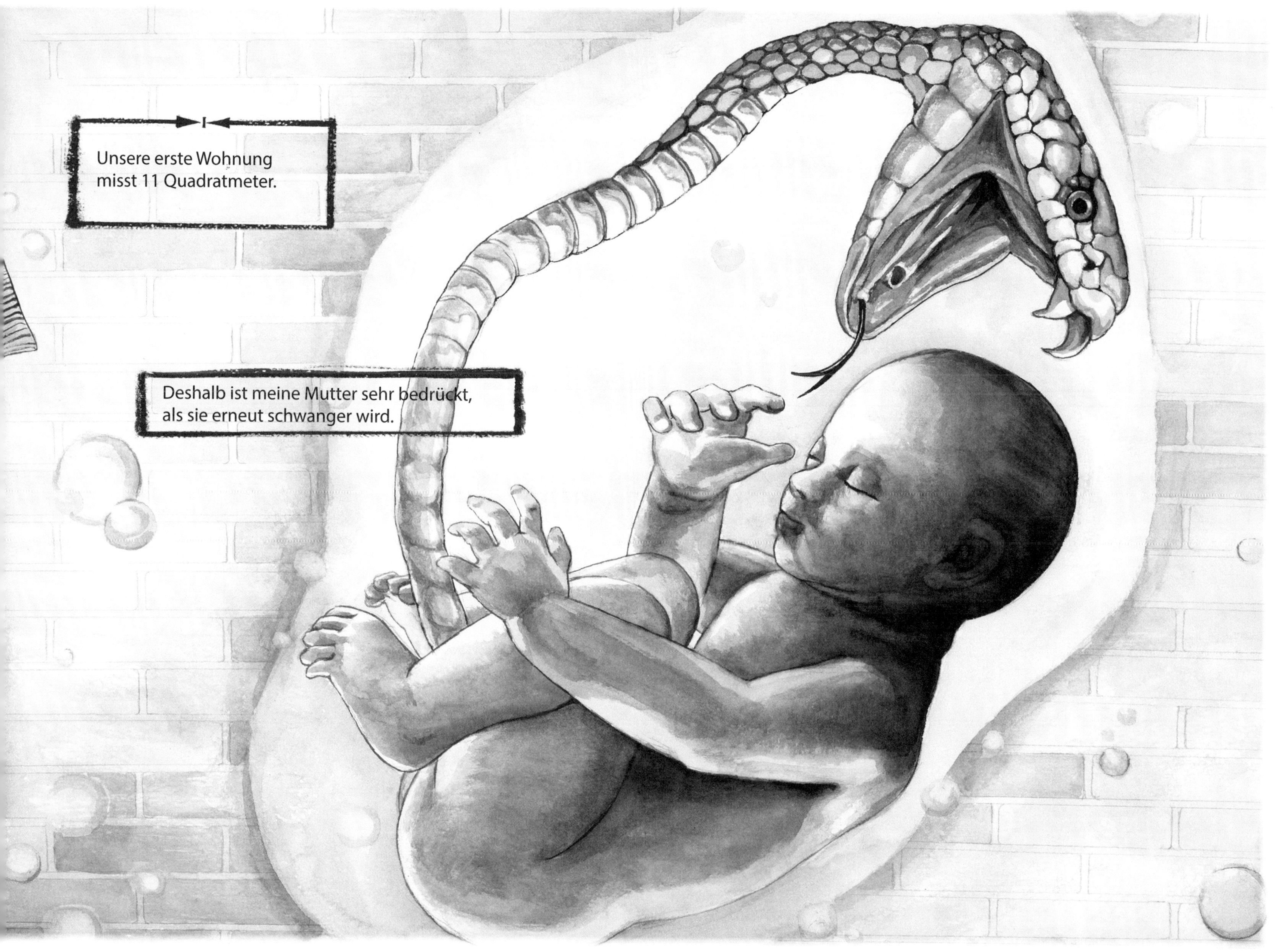
Unsere erste Wohnung misst 11 Quadratmeter.
Deshalb ist meine Mutter sehr bedrückt, als sie erneut schwanger wird.

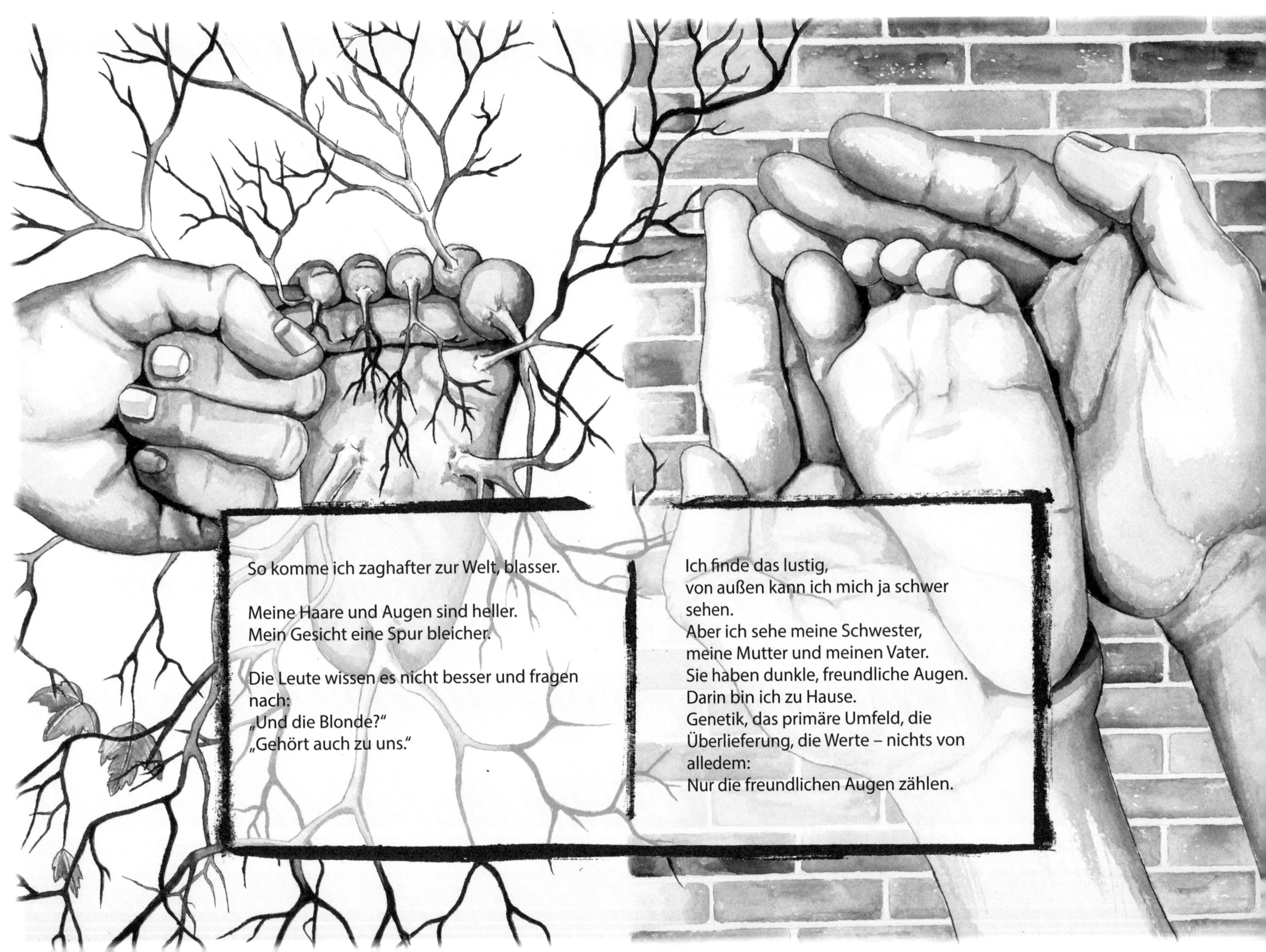

So komme ich zaghafter zur Welt, blasser.

Meine Haare und Augen sind heller.
Mein Gesicht eine Spur bleicher.

Die Leute wissen es nicht besser und fragen nach:
„Und die Blonde?"
„Gehört auch zu uns."

Ich finde das lustig,
von außen kann ich mich ja schwer sehen.
Aber ich sehe meine Schwester,
meine Mutter und meinen Vater.
Sie haben dunkle, freundliche Augen.
Darin bin ich zu Hause.
Genetik, das primäre Umfeld, die Überlieferung, die Werte – nichts von alledem:
Nur die freundlichen Augen zählen.

…

Unsere Eltern sind hier nicht zu Hause. Hier arbeiten sie
und schicken uns, ihre Töchter, zur Schule.
Die Sprache beherrschen sie nur schlecht, mit den
Gebräuchen sind sie nicht vertraut.
Sie sind Fremde.

Amela und mich stört das nicht.
Noch besitzen wir keine zweite Vergangenheit.
Um uns herum ist alles, was wir brauchen, hier sind wir
zu Hause.
Wir haben es schön und quatschen jeden an,
der vorbeikommt.
Das Haus füllt sich mit großen und kleinen Menschen,
die wir zu uns einladen und gernhaben.

Sie sind unser Zuhause, je mehr Menschen es sind,
desto stärker fühlen wir uns zu Hause.

„Darum(!), Mama, schließe ich nie hinter mir ab."
Ich trete niemals als Letzte ein.

Heute werde ich Pionier

Kinderklinik, 29.11.1982 – Tag der Republik.
Die Krankenschwester strahlt heute besonders, als sie in unser Zimmer hereinwirbelt.
„Na, wo steckt ihr denn, ihr Abc-Schützen, raus aus den Betten, freut euch!
Heute seid ihr endlich dran und dürft den Pioniereid ablegen!“

Während wir noch ganz verdutzt dreinschauen, scheucht sie uns aus den Betten und richtet uns im Gehen die Krägen.
Dann schiebt sie uns in das Sprechzimmer, wo der Arzt wartet.
Heute kommt er uns noch riesiger vor als sonst. Hinter ihm das Personal.
„Kommt schon, Kinder, gerade stehen!“
Der Arzt holt ein Büchlein hinterm Rücken hervor.

Er sagt vor, wir wiederholen brav. Applaus.
Wie angewurzelt stehen wir stolz da und werden mit Siegessymbolen behängt.
Dann gibt es Torte. Sie schmeckt gut.
Der Arzt hat den Blinddarm genommen, ihr habt dafür Mützen bekommen!
Ha! Klingt doch gut!

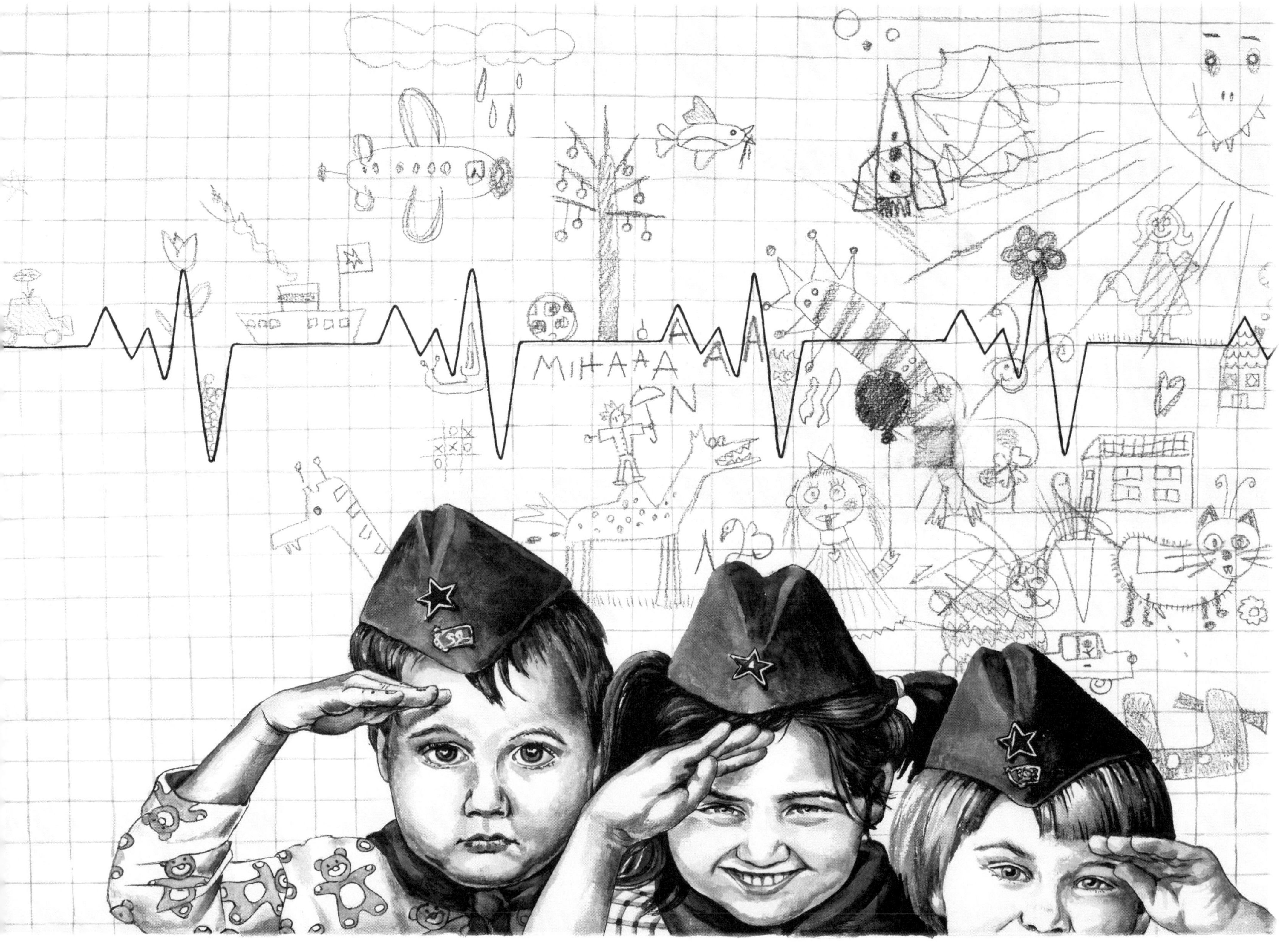
MIHAAA

Kirschen

Was auch immer die Leute behaupten, Kirschen
sind Gemeingut.
Amela ist diejenige, die uns immer wieder dazu
anstiftet, über Zäune zu klettern.
Ich habe ein paar Kilo mehr auf den Hüften und
unterstütze sie eher aus dem Hintergrund.

Aber Eigentum anzuzweifeln ist nicht nur Teil
des Erwachsenwerdens,
die Idee zieht sich durch alle Generationen.

Jedem nach seinen Bedürfnissen:
das Ideal der horizontalen Gesellschaft.

Deshalb hat Amela auch recht:

Der Zaun des Nachbarn ist eine Verneinung
des Horizonts.

Bosnien, maschallah!

„Kinder muss man gernhaben, sie unterscheiden noch nicht zwischen Gut und Böse. Darum verstellen sie sich auch nicht“, sagen sie und tätscheln uns.

Mir scheint, sie tätscheln mich, weil sie es können.
Weil ich einen Meter kleiner bin und schnell zur Hand.
Sie sehen in mir kein Potential für die Zukunft – nur das, was ich gerade bin.
Darum mögen sie mich.
Im blinden Vertrauen, dass meine Entwicklung schon in den richtigen Bahnen verlaufen wird.

Es liegt etwas Rührendes in dem Vertrauen dieser Menschen, die nie in meiner Welt waren und dennoch davon überzeugt sind, dass ich ihnen ähnle.

Also glaube auch ich an diese Ähnlichkeit.

Da kommt schon Meliha die Straße lang, um uns Ferienkinder aus dem Schlamassel zu ziehen
und zu den anderen Kleinen zu bringen.

Die sind überall gleich, weil sie noch nicht zwischen Gut und Böse unterscheiden können.

Buntstifte

Ich habe Buntstifte! Buuuntstiiiftäääääää!
Lang und gespitzt sind sie und nach Farben geordnet.
Amela packt ihre Buntstifte und lässt sie wie
Mikadostäbchen fallen.
An Amelas Buntstiften trainieren wir unsere Feinmotorik.
Mit meinen zeichne ich die Vögel der Welt.
Einen nach dem anderen, schön der Reihe nach.
Amela zeichnet selten, sie liest lieber und
versteht schon vieles. Ich nicht.
Ich komme kaum aus dem Staunen heraus, für mich ist
alles faszinierend, geheimnisvoll.

Für Amela aber ist alles glasklar, deshalb lehnt sie sich
auch auf.
Ich nicht. Noch nicht.

Ein Experiment

Ich ziehe dem Nachbarkater eine hübsche
Weste über.
Der ist darüber nicht erfreut. Er kratzt mich
und faucht.
Später schleppt mich Mutter zum Tollwuttest.

Mit lebendigen Tieren ist es ein Kreuz.

Jetzt kümmere ich mich um die tote Maus,
die ich hinterm Haus gefunden habe.
Ich passe gut auf sie auf.
Aber nach zwei Tagen fängt sie an, bestialisch
zu stinken.
Ich werfe sie in den Mülleimer und bete vorm
Schlafengehen:

Bismillah.

Gott ist tot

Heute werde ich zehn Jahre alt und kriege Dinge zu hören, die mir gar nicht gefallen.
Und zwar, dass ich ab heute groß genug bin, Gut und Böse zu unterscheiden.

Und dass Gott ab heute kein Auge mehr zudrücken wird.
Jeder kleinste Fehltritt wird ab jetzt registriert.

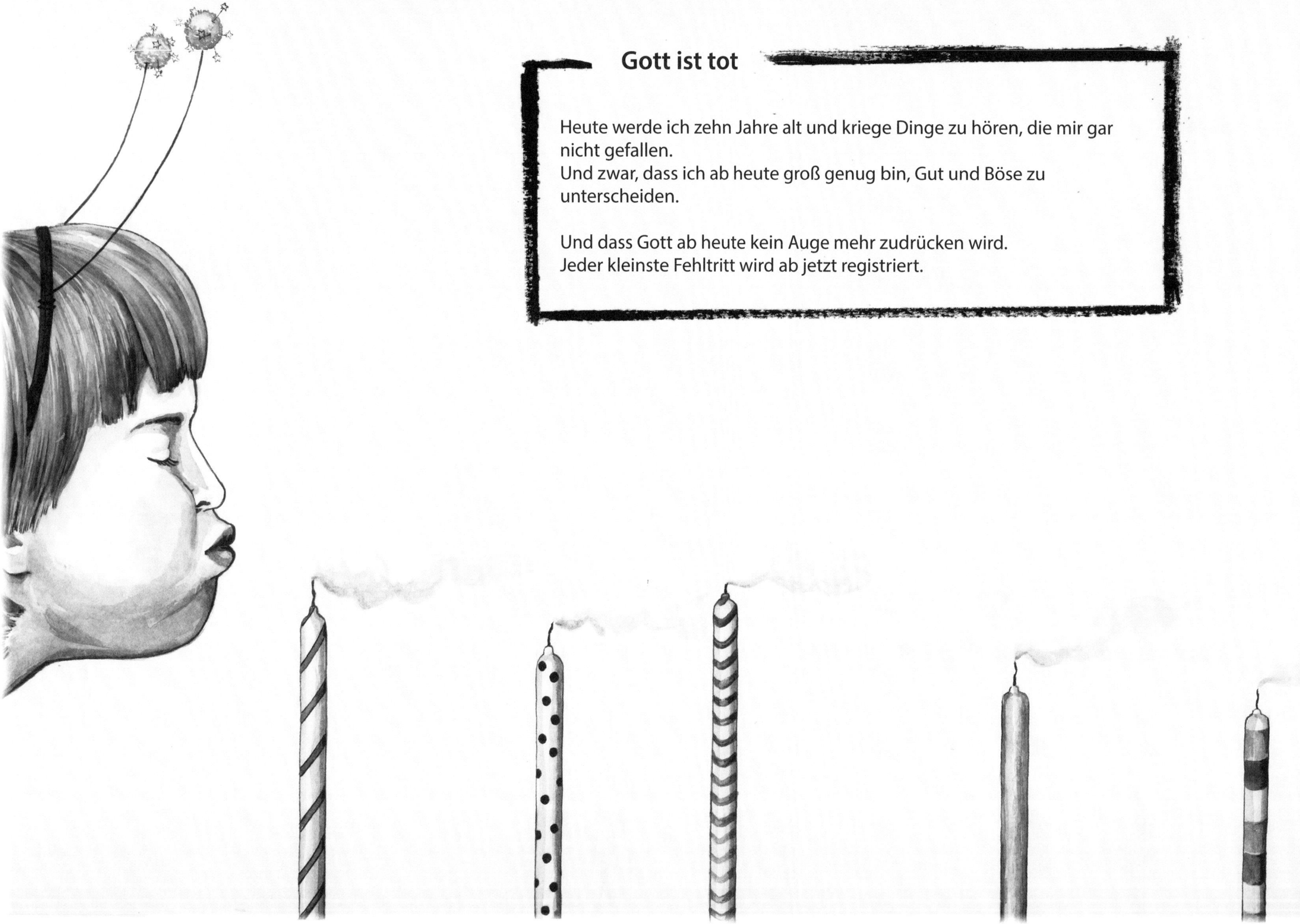

Was nützt mir meine neue Unterscheidungsgabe, wenn Gott derselbe bleibt und immer noch derjenige ist, der letztendlich darüber urteilt, ob ich richtig oder falsch handle.
Ich komme also zum Schluss, dass es besser wäre, wenn Gott nicht existierte.

Wir rauf, ihr runter

Die Genossin Lehrerin behauptet, dass wir ein Entwicklungsland sind.
Ich kann meine Enttäuschung nicht verbergen. Aber diese
Lehrerin kann ich sowieso nicht ausstehen.
Ich bin mir sicher, dass sie so etwas nur sagt, weil wir Bosnier sie stören.
Sie wirft uns vor, dass wir uns nicht wie gute Gäste benehmen. Wir
benehmen uns,
als ob wir hier zu Hause wären! Darum hat sie auch Schwierigkeiten,
uns auseinanderzuhalten. Nur am Namen kann sie uns von den echten
slowenischen Kindern unterscheiden.

Aber im Ernst … Warum haben meine Eltern ausgerechnet hier eine
bessere Zukunft für uns gesucht – geht es den Menschen in Jugoslawien
wohl überall gleich gut?
Vielleicht hat die Lehrerin ja recht, wenn sie von den
unterentwickelten Republiken im Süden spricht?

„Die Südländer sind faul und beuten die fortschrittliche Republik
Slowenien aus,
darum ist Jugoslawien ein Entwicklungsland.
Ohne die im Süden wäre Slowenien schon längst ein entwickeltes Land.“

Wenn ich so etwas sage, bekomme ich bestimmt eine Eins.

Aber ich gebe mich mit meiner Vier vollkommen zufrieden.

Opa

Opa widerspricht meiner Mutter.
Lass die beiden doch in Ruhe, sagt er.
Punk ist jetzt in Mode,
und das Kind muss eben sein Image radikalisieren.
Na ja, genau so sagt das Opa natürlich nicht.
Was weiß der schon von Punk.

Doch ihm ist klar, dass es sich um eine Form von Rebellion handelt.
Und Rebellion ist immer gut. Wie die Revolution!
Die Haare werden kürzer,
die Kleidung zerrissener,
die Ohren durchlöcherter.
Immerhin etwas!

Und warum denn nicht?!

Tag der offenen Tür

Marko und Ksenija wohnen auf der anderen Straßenseite.
Auch ihre Haustür leistet keine gute Arbeit.
Wie unsere steht sie meistens offen.

Der gleiche Grundsatz befördert Ksenija und mich
durch den Eingang der Bank am Platz der Revolution,
wo meine Mutter als Putzfrau arbeitet.

Der Pförtner kennt mich und lässt uns hinauf.
Oben kann sie die Kleider wechseln und Pause machen.
Auf dem Tisch steht ein Becher Sahne, von Mutter keine
Spur. Mmm.

Wir hinterlassen einen Zettel: Danke für Euer Verständnis.
Zwei verschmierte Smileys dienen als Unterschrift.
NLB – Naša Ljubljanska Banka – Unsere Bank.

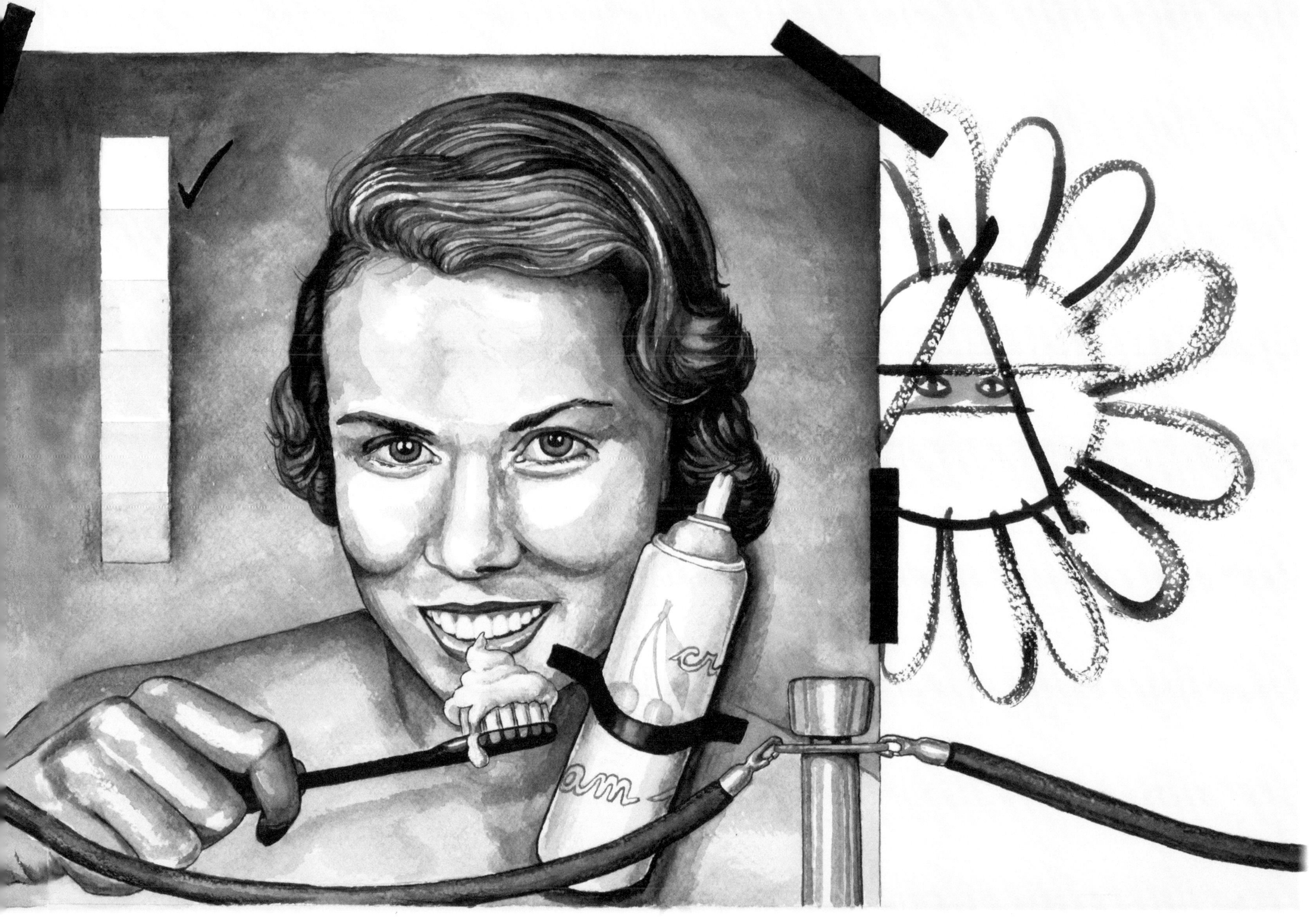

AUS ZWEI HEIMATEN

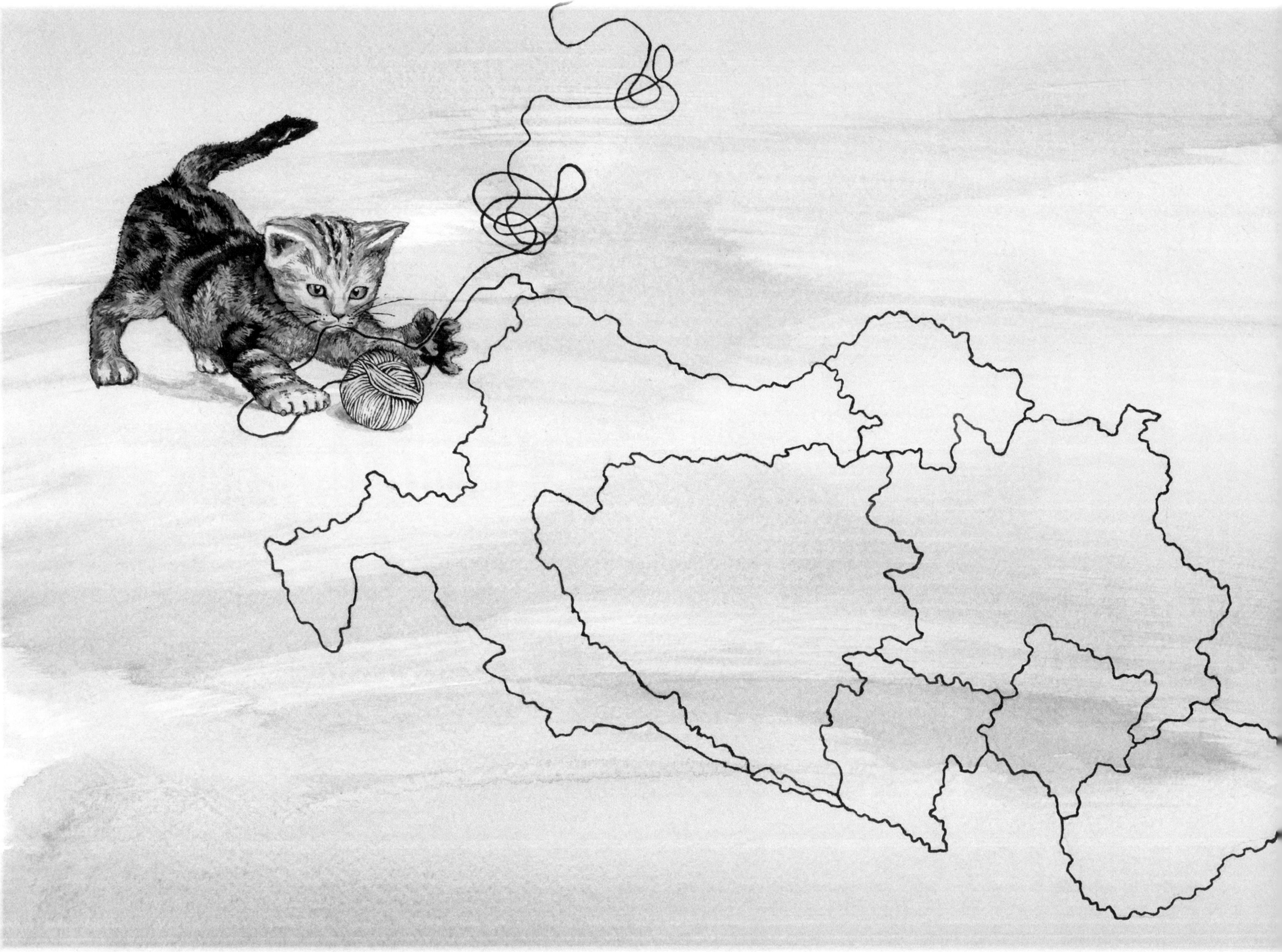

Tito nach Tito?

Nehru hatte es Tito klipp und klar erklärt:
Nur eine erfolgreiche Wirtschaft kann Jugoslawien zusammenhalten,
sie bedeutet nämlich gegenseitige Abhängigkeit.
Aber wozu brauchten wir die, wir hatten ja Brüderlichkeit und Einigkeit!
Den Helden Tito, die ruhmreiche Partisanenvergangenheit,
Jobs und Wohnungen für alle!
Tito ist Jugoslawe und wir alle sind Tito.

Doch Tito ist schon lange tot –
der Kompass verloren, und jede Richtung so ungewiss wie die andere.

Wer wird jetzt in den Wäldern für uns kämpfen?

1
2
3
4
5
6
7
8
Vol

„Heute ist träumen erlaubt, aber morgen ist ein neuer Tag."

Die Republik Slowenien erklärt ihre Unabhängigkeit.

Alle hocken vor dem Fernseher, triviale Worte bekommen von Stunde zu Stunde mehr Gewicht.

Morgen gibt es Krieg, er ist unvermeidlich.

Aber das ist nicht das Einzige, was mich bedrückt.
Meine engere Heimat ist jetzt das,
was zuvor meine weitere Heimat war.
Von meiner Helmat slnd gerade mal 8%
übriggeblieben.

Das ist wenig. Und das bedrückt mich.

Aber es bleibt keine Zeit, die neue Situation zu hinterfragen.
Kroatien ist an der Reihe, dann Bosnien.
Massaker und Agonie.

Slowenien hat das Ganze längst hinter sich und eilt der NATO und EU entgegen.
Hinein in eine neue Konföderation mit neuen Bedingungen.

Auch von Solidarität sind in Slowenien nur noch 8% zu spüren.

Salāt al-Dschanāza

Opa ist gestorben. An einem kalten Schultag machen sich unsere
Eltern auf zum Begräbnis, über Kroatien Richtung Bosnien.
Nach einem Haufen lästigem Papierkram schaffen es die beiden
endlich an den Trauerort.
Ja, Opa ist gestorben.
Ein Mensch, dem die nationale und religiöse Zugehörigkeit des
Anderen gleich war.
Ein Mensch, der auch Serben an seinen Tisch bat.
Am Tag nach dem Begräbnis wird auch das
ihm bekannte Bosnien zu Grabe getragen. Alle Grenzen sind
gesperrt.
Es herrscht Krieg.
Hätte das Begräbnis einen Tag später stattgefunden, hätten sie
unsere Eltern nicht mehr über die Grenze gelassen.
Nur einen Tag später, und die beiden hätte dasselbe Schicksal
wie die anderen im Dorf ereilt.
Sie wären umgebracht worden.
Auf dem Hof der Grundschule.

Glück?
Auf jeden Fall.

Später hören wir unsere Eltern oft leise flüstern,
dass im Auto ein Platz frei war.
Noch einer hätte überleben können.

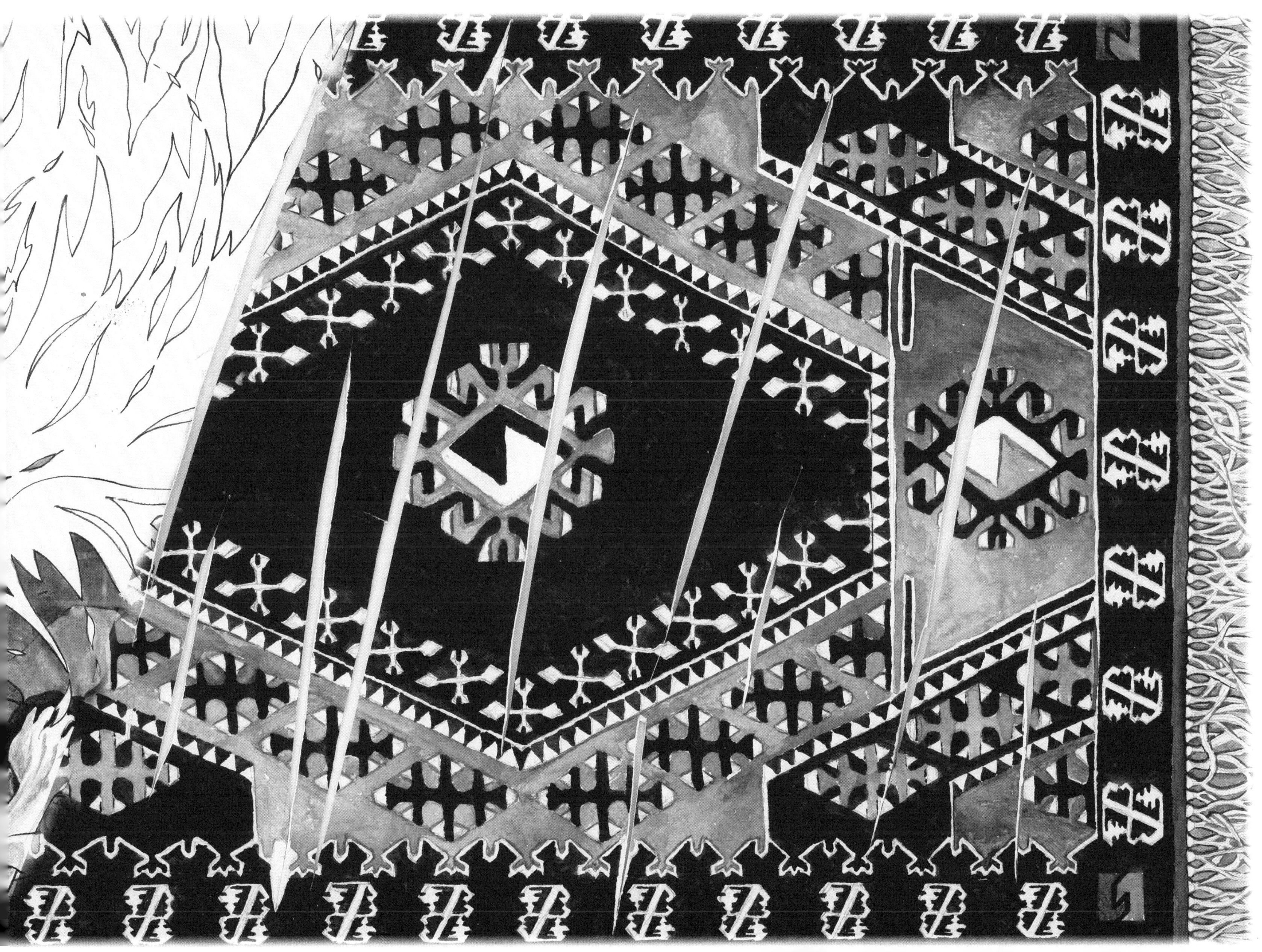

KitKat

Heute ist Nihad gekommen, um meinen Eltern zu erzählen, was mit Asim passiert ist.
Seit ich klein bin, weiß ich, dass Asim in Deutschland gearbeitet hat. Gastarbeiter. Ich weiß nicht, was er dort gemacht und wie viel er verdient hat, obwohl darüber immer viel spekuliert wurde. Sein Haus war das allerschönste im Dorf, stand am sonnigsten Hang.
Seine fünf Kinder erhellten das Hausinnere. Und auch uns. Der Jüngste, Emin, schmuggelte oft KitKat-Riegel vom Dachboden und steckte sie uns wortlos zu.
Vor einiger Zeit hatten wir erfahren, dass Asim aufgrund eines Arbeitsunfalls infolge unzureichender Sicherheitsmaßnahmen gelähmt war und nun die deutsche Invalidenrente bezog.
Nihad erzählt jetzt, dass es Asims Familie, nachdem sie die Tschetniks über die Hügel kommen sah, nicht mehr rechtzeitig geschafft hatte, ihn aus seinem Haus zu tragen. Als die Tschetniks ins Haus eindrangen, lag Asim auf dem Sofa. Die Tschetniks krümmten ihm kein Haar.
Über mehrere Stunden trugen sie an ihm alles vorbei, was er sich durch jahrelanges Schuften erarbeitet hatte. Zum Abschied setzten sie das Sofa, auf dem er lag, in Brand. Zum Glück kam die Familie rechtzeitig zurück, ehe das Feuer sein Fleisch versengen konnte.
Uns ist, als hätte uns der Rauch aus Asims Haus umhüllt. Einen Augenblick lang stockt uns der Atem.

Morgen schreiben wir in der Schule eine Mathe-Prüfung, quadratische Funktionen, ich denke also nicht an Asim.
Wenn ich nicht an Asim denke, wird das KitKat auch weiterhin nach Milch riechen. Und nach der heiteren, sonnigen Kindheit am Hang.

Ich denke also nicht an Asim.

Kit

Dann kamen die Flüchtlinge,
und in unser Haus zog Bosnien in
seiner ursprünglichsten Form ein.

Gesellige Mütter und ausgelassene Kinder
brachten Unruhe in die Ordnung, die
in allen Ecken unseres Hauses herrschte.

Vollkommen unvorbereitet
stießen unsere Eltern auf die Erkenntnis,
dass sie längst nicht mehr die waren,
für die sie sich all die Jahre gehalten hatten.

Zwei Emigranten, Arbeiter,
die alles daransetzen werden,
in die alte Heimat zurückzukehren.

Nein, sie sind zu Individuen geworden,
die in ihrem sozialen Umfeld tief verankert sind.
Die mit den Kollegen, die von überall kommen,
die gleichen Ambitionen teilen.
Und die gleichen Elternsorgen
über das Erwachsenwerden in einer Welt,
in der sie sich selbst nicht
richtig zu Hause fühlen …

Und außerdem: unter ihren Freunden hier
gibt es auch Serben.

Aber die herbeiströmenden Flüchtlinge wissen nur eines,
und zwar, dass ihr Leben
von den Serben, von allen Serben,
bedroht wird, und ihr einziges Ziel ist es,
wieder zu Hause unter ihren Leuten zu sein.

Sie sind ganz und gar desinteressiert daran, sich in unsere Welt
zu integrieren.
Es sind gewöhnliche Familien, aufgrund des Krieges
auseinandergerissen und geflüchtet,
traumatisiert.

Aber aufgrund des Erlebten kein bisschen edelmütiger als
die anderen. Genauso gewöhnlich.

Nicht von mir, sondern den Bosniern

Die kleinen Bosnier. Unorganisierte, stille, untergeordnete Arbeiter
auf dem Bau und anderswo.
Für die Slowenen ohne klare Identität. So wie die Kroaten, Serben, Albaner …
Bosnier eben, Arbeiter.
Aber auf dem Balkan tobt Krieg, weil ja nicht alle Bosnier sind.
Darum sollen wir jetzt genauer sagen,
worin der Unterschied besteht.

Die Kriegsjahre in Bosnien vergehen damit, dass wir immer wieder erklären
müssen, wo wir herkommen und wer unsere Vorfahren waren.

Meines Erachtens dumpfe, engstirnige Zeitverschwendung.

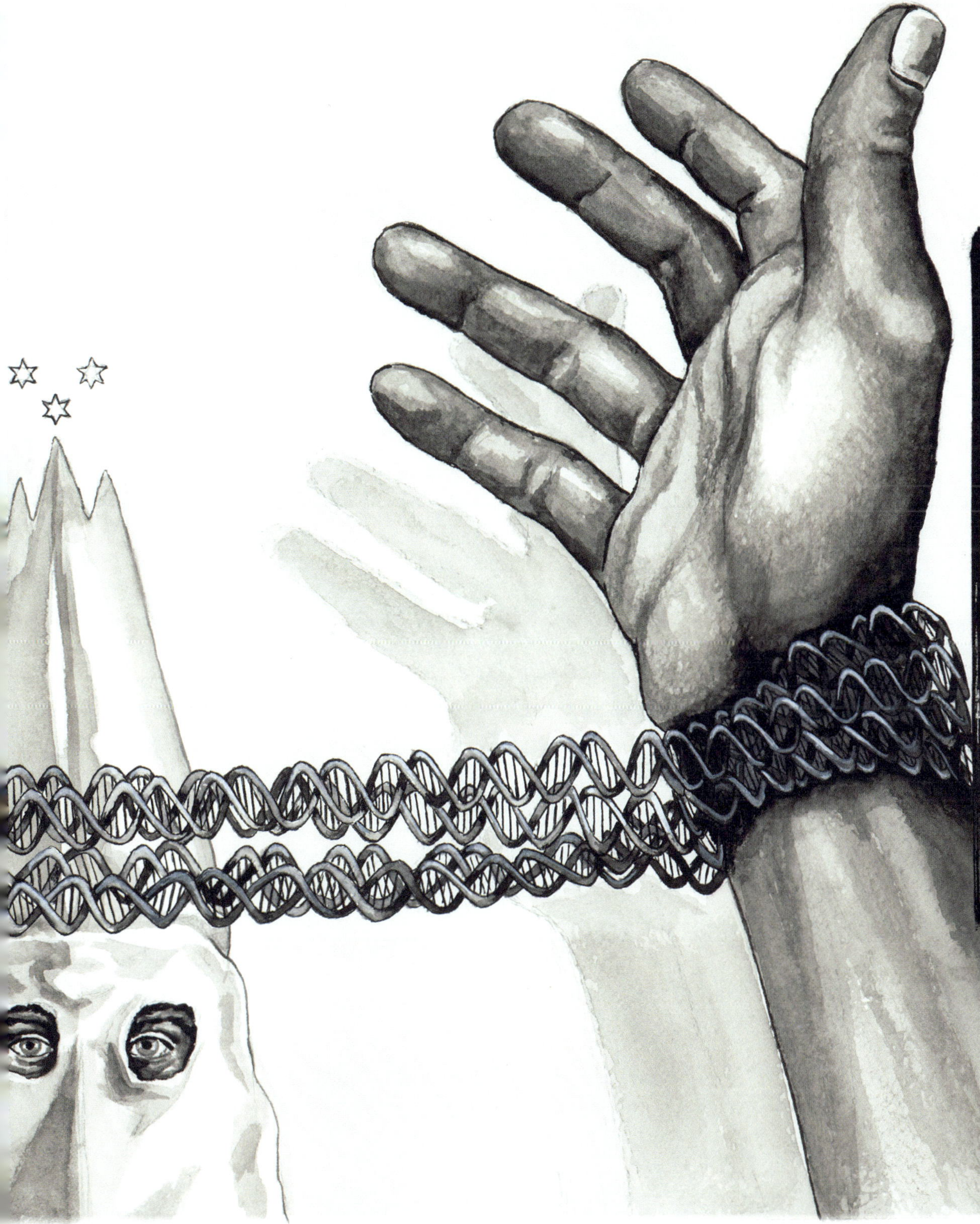

Doch Krieg bedeutet Krieg.
Wenn er zu lange dauert, gerät er in
Vergessenheit,
während er noch im Gang ist.
Das Interesse lässt nach, die Vorurteile bleiben.
Die Mitschülerin schimpft wieder einmal über
die Bosnier,
vergisst dabei aber nicht zu betonen,
dass sie damit nicht solche wie mich meint,
ich bin ja so wie sie und helfe
ihr sogar bei den Hausaufgaben,
nein, sie spricht – von den Bosniern eben.
Die schmutzig sind und in den öffentlichen
Verkehrsmitteln
allen den Platz wegnehmen.
Also nicht von mir, sondern den Bosniern.
All denen südlich der Kulpa.

Nicht von mir,
sondern den Bosniern.

Privatisierung

Früher arbeitete meine Mutter in der Bank als Reinigungskraft, als öffentliche Angestellte, beschäftigt im Interesse der Öffentlichkeit. Alles war öffentlich. Jetzt aber, behauptet sie, ist alles privat. Die Bank hat auch sie an einen Privatunternehmer ausgelagert, sie ist jetzt seine Reinigungskraft, angestellt im Interesse seines Profits. Sie reinigt weiterhin dasselbe Bankgebäude, nur gehört es jetzt nicht mehr auch ihr.

NLB – Nova Lubljanska Banka.
Alles neu.

Über Nacht wachsen in der Siedlung Zäune in die Höhe. Der Blick über den Zaun gehört sich nicht mehr, er ist ein klares Signal, dass man weder die Privatsphäre noch das Privateigentum respektiert. Wer einen freien Blick nötig hat, fährt, wenn er kann, am Wochenende ans Meer, um den Horizont zu sehen.
Sogar die, die sich das meiste unter den Nagel gerissen haben, zäunen ihr Hab und Gut ein, um sich von den anderen abzuschotten.
Früher gehörte alles allen.
Wie viel wir verloren haben, seitdem sie damit begonnen haben, uns die Dinge zurückzugeben!

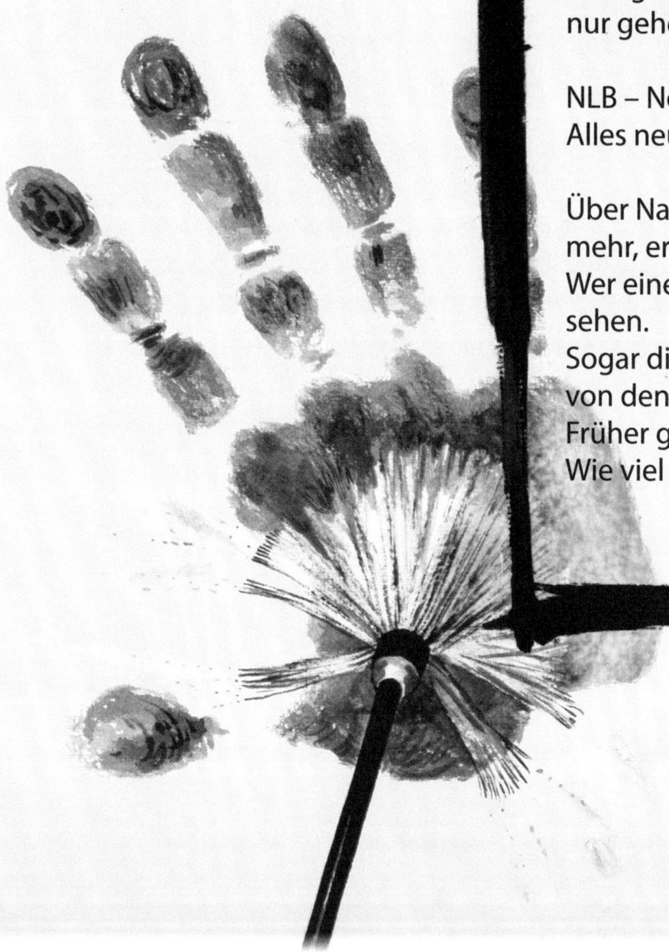

Hier sind wir

Die Schule nennt sich zwar Akademie, doch die Kommilitonen sind praktisch veranlagt, sie nutzen ihre Zeit und schließen Bündnisse auf der Basis von Business-Ambitionen. Im Design-Institut weht ein rationaler Geist. Form follows function, niemals umgekehrt.
Na ja, bei Tina ist alles anders. Tina rasiert sich die Haare ab, macht einen Pferdeschwanz daraus, und näht den dann auf der Hinterseite ihrer Levi's an. Sie hat jetzt zwar keine Haare, aber einen Pferdeschwanz. Was soll das bedeuten? Nichts! Ungemein charmant!
Tina kommt häufig zu mir nach Hause. Ihr gefällt die Ordnung, die wir dort eingeführt haben, die kluge Amela und die zuvorkommenden Eltern. Im Gegenzug bietet sie Spontanität.
„Was stehlen Sie denn die Haselnüsse aus der Schokolade! Also! Was machen Sie denn da, lassen Sie das, meine Gute!"
Diese beiden Welten prallen nur in der Öffentlichkeit aufeinander, wenn uns Mutter im Bus erspäht. Es amüsiert mich, wie schnell sie unsere provokanten Kleider mustert und dann abwägt, ob sie sich zu uns setzen soll oder nicht.
Meistens täte sie während der Fahrt am liebsten so, als würde sie uns gar nicht kennen. Aber daraus wird nichts. Tina ist im Theater aufgewachsen, und ihr ist diese Art von Schamgefühl gänzlich fremd.
Also winkt sie meiner Mutter durch die Menge zu: „Hallo, Frau Safeta, huhu! Hier sind wir!"

...

Ich studiere.
Bin sehr motiviert.
Viel von alledem verstehe ich nicht.

Was ging beispielsweise diesem verwirrten
Geist durch den Kopf?

Warum hat er gleich drei Kugelschreiber in
seiner Brusttasche?
Ist das Fehlen von Tinte wirklich das Letzte,
was er sich erlauben kann,
wenn er eine neue verrückte Idee hat?

Draža Mihailović, dass du dich nicht
schämst,

den eigenen Mythos
auf der Missachtung der anderen
aufzubauen!

ŠEHID

Der Krieg ist zu Ende.
Viele gibt es nicht mehr.

BUJRUM

Und für die Übriggebliebenen
gibt es keinen Frieden.

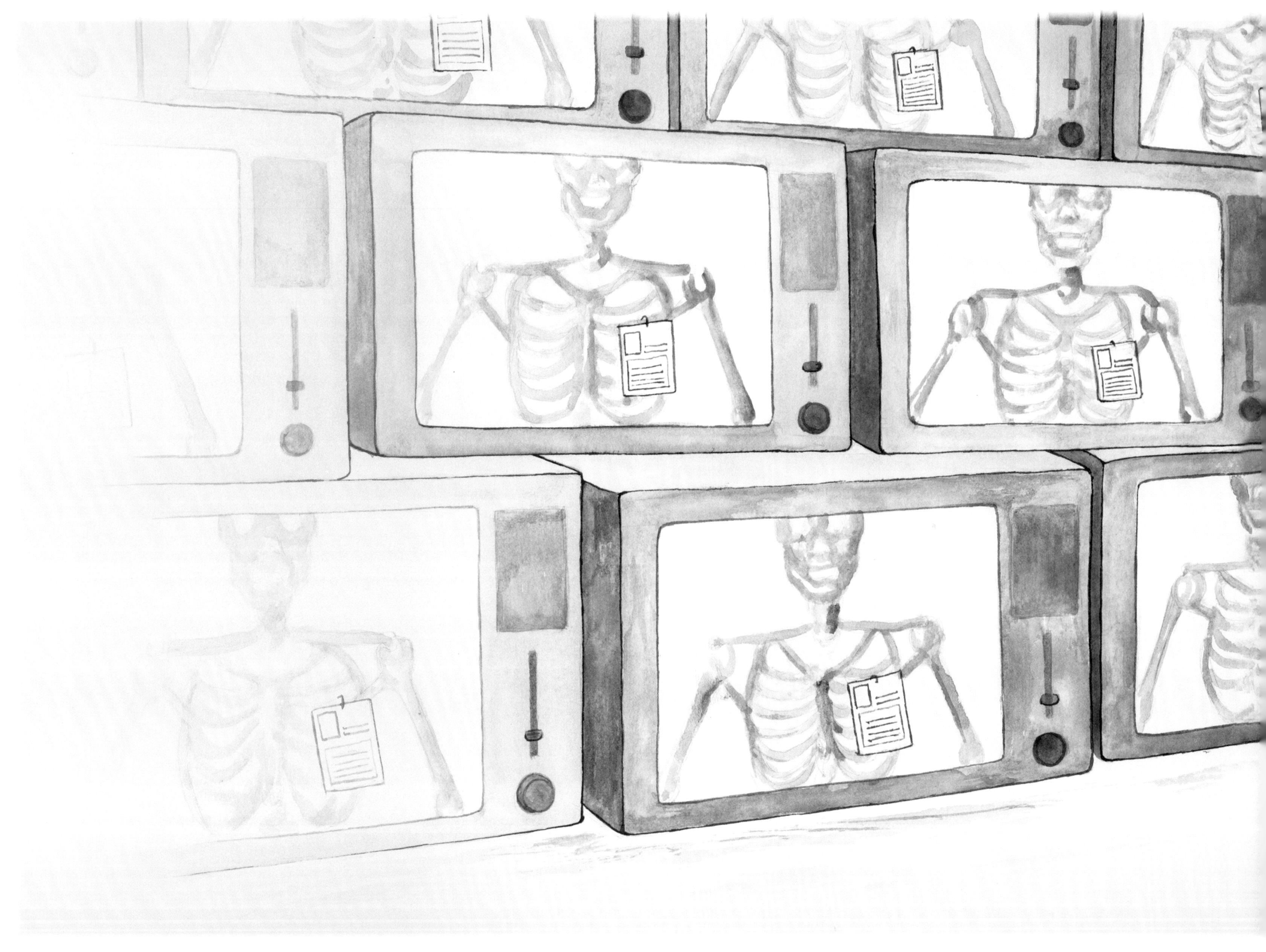

Disziplinieren
A…
Y…
Theater
O…
Neutralisieren

Nicht
Offen
Thematisieren
Y…
A…
D…

Alija
Franjo

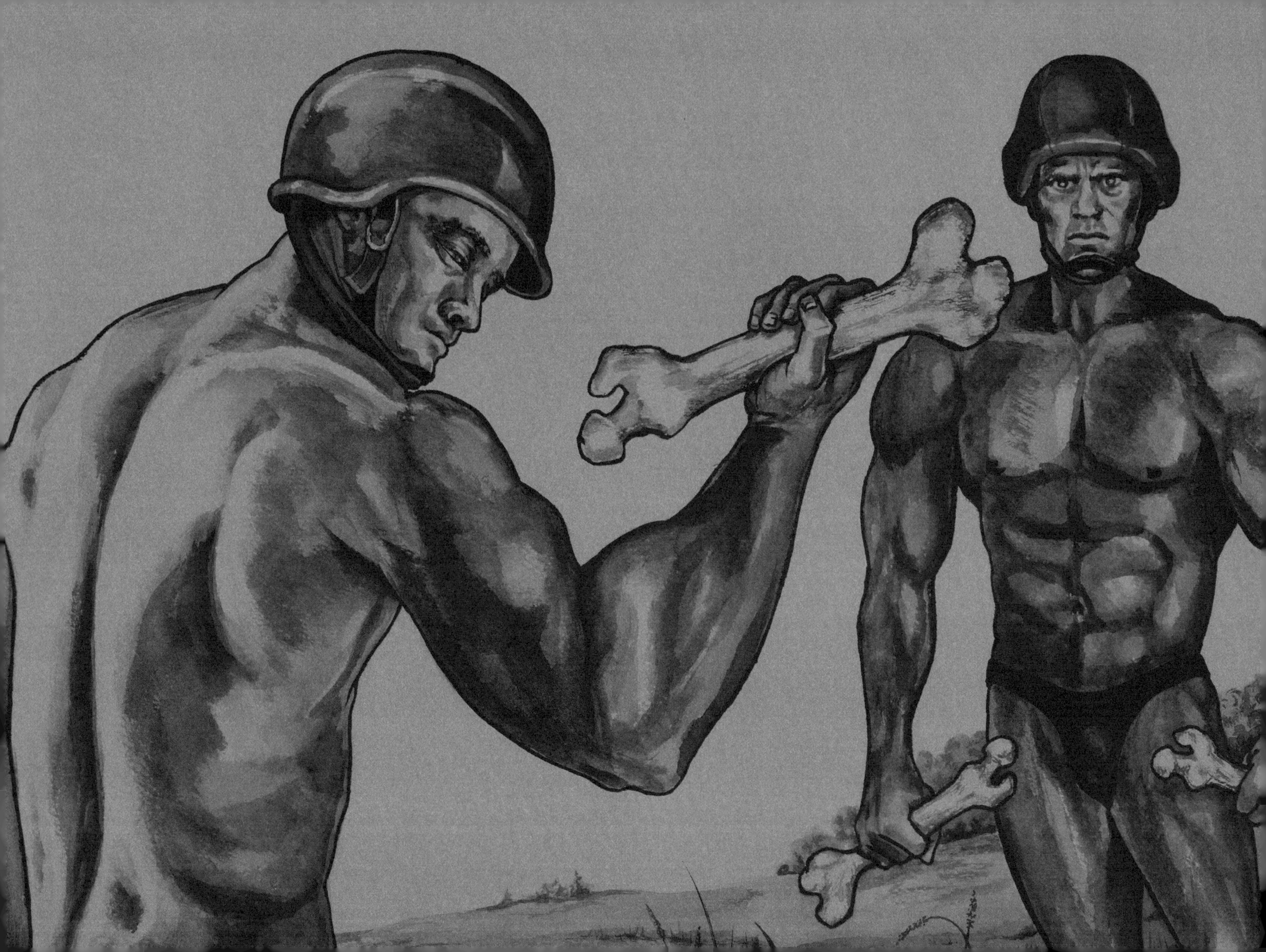

Bosnische Brutalitäten

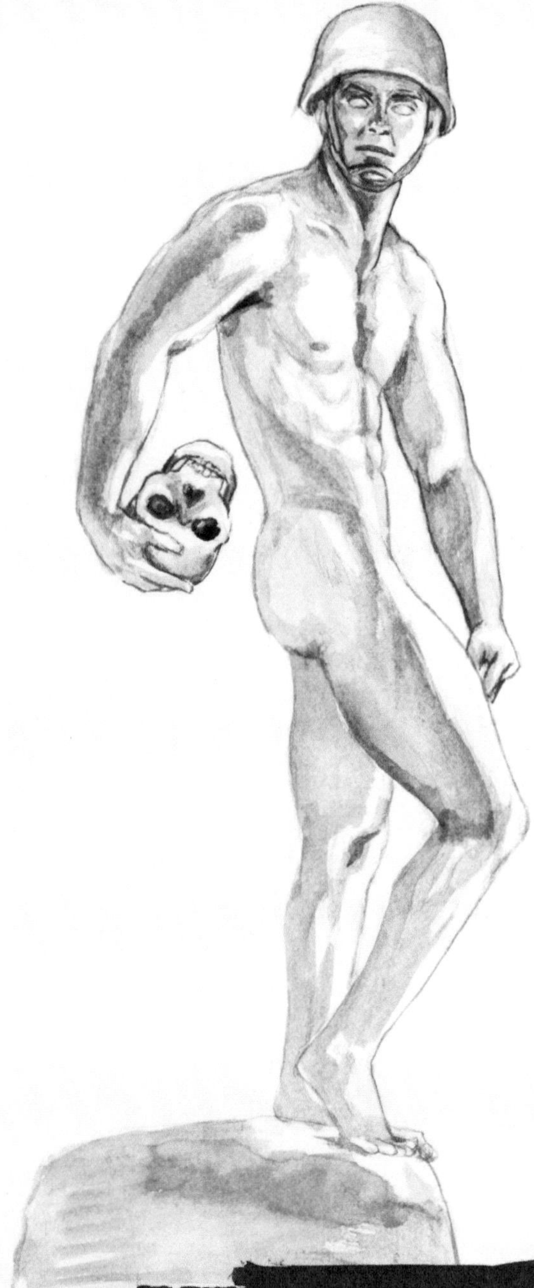

Frauensache

Rasima haben sie den Mann und den ältesten Sohn umgebracht.
Ihre beiden Gesichter hat sie aus alten Fotos herausgeschnitten
und neben ihres geklebt.
Dann hat sie das Familienbild zum Schutz in Plastik gesteckt.

Nachdenklich drückt sie es mir in die Hände.
„Kannst du dich an meinen Senad erinnern?"

Was heißt erinnern? Ich … er war …
„Natürlich", nicke ich.

Ich bin gerne hier, wo früher meine ermordeten Söhne gegangen sind.

… Dort haben sie viele Menschen ermordet. Hier bei uns in Biljani 224, Gott sei uns gnädig. Unten in Sanica haben sie 15 Tote gefunden. Sie haben sie eingesperrt und bei lebendigem Leibe verbrannt.

Ach, mein Irfan, wozu …?

Eine gewisse Sapfa schlägt sich auf die Brust und küsst den Boden, als sie unsere Soldaten sieht.

THE UNIVERSAL DECLARATION
OF Human Rights
Wer ins Lager gebracht wurde, hat überlebt.
Das Rote Kreuz kam sofort und nahm alle Namen auf.
Also mussten sie am Leben bleiben.
Er kommt den Leichnam identifizieren, ich kann das nicht.
Ist schon gut, Mutter, gehen wir jetzt.
Allahimanet.

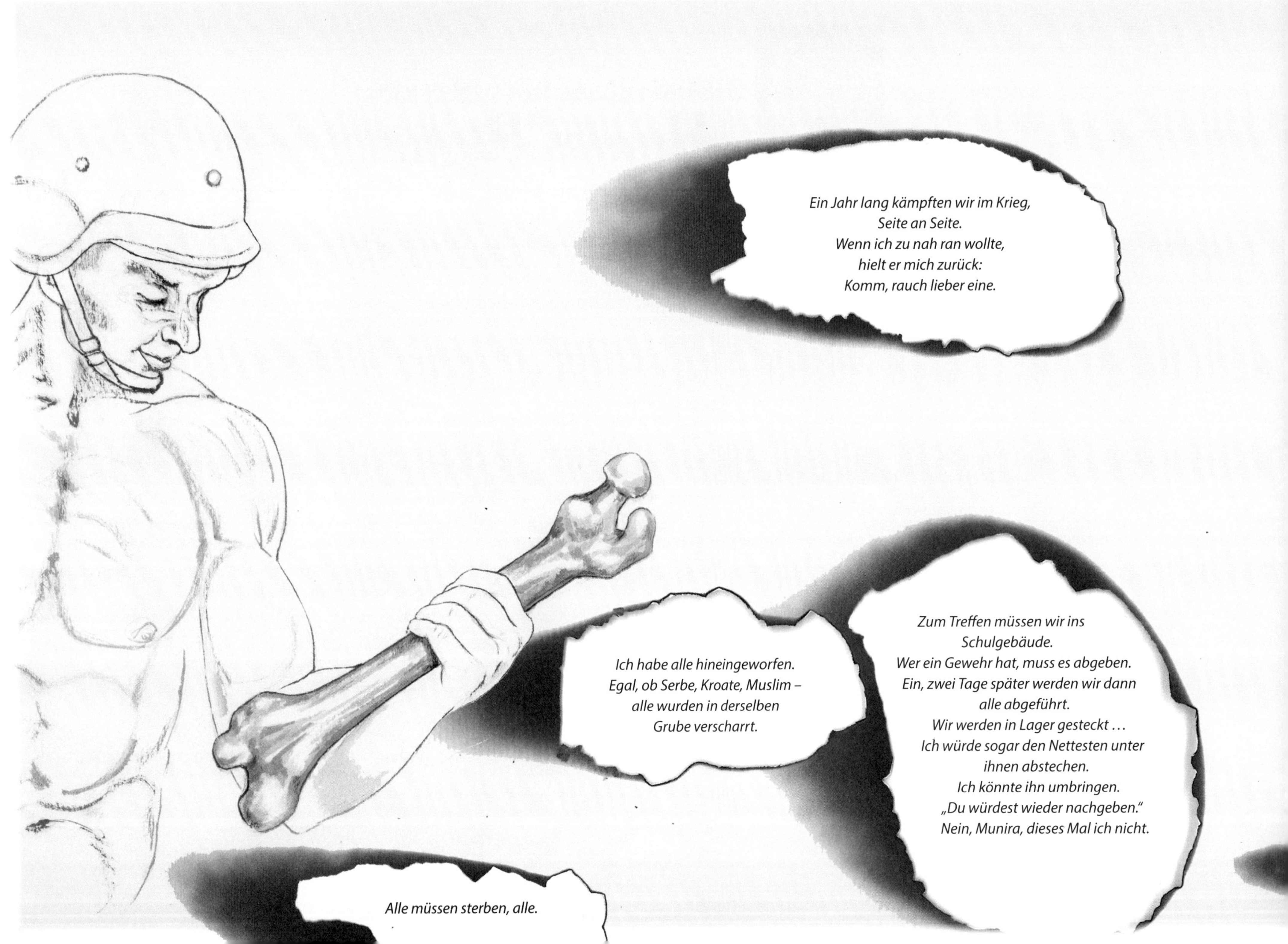
Ein Jahr lang kämpften wir im Krieg,
Seite an Seite.
Wenn ich zu nah ran wollte,
hielt er mich zurück:
Komm, rauch lieber eine.
Ich habe alle hineingeworfen.
Egal, ob Serbe, Kroate, Muslim –
alle wurden in derselben
Grube verscharrt.
Zum Treffen müssen wir ins
Schulgebäude.
Wer ein Gewehr hat, muss es abgeben.
Ein, zwei Tage später werden wir dann
alle abgeführt.
Wir werden in Lager gesteckt …
Ich würde sogar den Nettesten unter
ihnen abstechen.
Ich könnte ihn umbringen.
„Du würdest wieder nachgeben."
Nein, Munira, dieses Mal ich nicht.
Alle müssen sterben, alle.

Männersache

Ich sitze im Schneidersitz im Eck hinter der Tür
und skizziere die Männer im Raum.
Es sind fünf. Während des Krieges gehörten sie
demselben Kommando an.
Ich höre, wie das Gesicht eines Tschetniks, wenn
man ihn erwürgt,
die Farbe wechselt.
Es läuft blau an, wird dann grün, ist am Ende gelb.
Ich zucke zusammen. Möglicherweise
werden sie meine Anwesenheit bemerken
und mit dem Erzählen aufhören. Nichts von beidem
passiert.

Ich zeichne weiter.

Der Mann richtete
das Gewehr auf uns:
Wer seid ihr?
Ich lief gelb an, wie Käse.
Haris sagte zum Glück schnell:
Wir gehören zur Unsko-Sanska-Einheit.
Zu der gehörten auch sie.

Und du siehst, dass du geradezu
ins Messer läufst, aber du fällst einfach
und spürst nichts.

Es war eine Frau, eine Serbin, sie war um die 70 …
Wir waren alle Mudschaheddin.
Ich sagte ihr: Schau, wir haben einen Beschnittenen
gefangen.
Sie sagte darauf, dass sie ihm die Augen auskratzen
wird, und griff schon zum Messer.
Nein, nein, Mütterchen, das ist ein serbischer Kämpfer!
Mein Gott, warum haltet ihr mich denn zum Narren!
So ein schöner Junge!
Dann streichelte sie ihn.

Dem Kind gleich nach der Geburt den
Koran in die eine Hand und das Gewehr in
die andere Hand legen.

Der See

Den Weg dorthin kann man kaum einen Pfad nennen,
wir wurden überall von Felsen und Brombeeren zerkratzt.
In der Mitte der See, unglaublich rund.
Daneben das Schild: Baden verboten.
Darunter Körper in nassen Badeanzügen.

Eines der Mädchen flirtet ganz offen mit einem Jungen,
der sich in einem Jahr wegen eines Bankraubs in Hamburg
vor Gericht wird verantworten müssen.
Zukunft.

Am Abend erzählt man uns im Dorf,
dass der See schon Jahre auf die angeordnete
Bergung der Ermordeten wartet.
Vergangenheit.

Wir sind jung, Teenager, und kühlen uns im
verbotenen See ab.
Die unwissende, selbstgenügsame Gegenwart?
Nein.
Auch das ist Zukunft.

Meliha behauptet, dass es auf dem Feld spukt

Neulich kam sie nachts von der Nachmittagsschicht nach Hause, und plötzlich stand jemand ganz bleich vor ihr und starrte sie an. Er durchbohrte sie mit Blicken bis zu ihrer Haustür. Es war der schauerlichste Moment ihres Lebens. Jetzt kommt ihr Bruder Edin, der den Krieg überlebt hat, sie stets an der Haltestelle abholen.
Selma wird es schwarz vor den Augen: „Was erzählst du ihr das alles, du Dummerchen. Samira wird abends nicht mehr zu uns kommen wollen." Ich tröste die beiden und sage ihnen, dass ich mit Geistern umgehen kann, und dass Geister nichts anderes als die Bestätigung ihrer stillen Gegenwart einfordern. Dumm ist es nur, wenn man sich vor ihnen fürchtet. Es ist schon lange her, da lag ich im Bett und habe mich vor einem bunten Fisch, der durch das Zimmer glitt, erschrocken. Also erschrak auch er und biss mir in die Nase. Seitdem habe ich meine Lektion gelernt … Die beiden schauen mir anerkennend hinterher und bieten mir ein letztes Mal an, mich zu begleiten. Ich lehne ab. Ein Fehler.
Ganz in der Nähe von Opas Haus (ja, dieses geografische Detail hat Meliha verschwiegen) sehe ich jemanden auf der Wiese stehen. Ich schreite entschlossen voran. Je näher ich komme, desto klarer ist es, dass es sich um keinen Menschen handeln kann. Aha, es ist nur ein Pfahl, über den jemand ein weißes Bettlaken geworfen hat. Was ist nur in Tima gefahren, dass sie so etwas nachtsüber hier draußen hängen lässt? Es reicht doch wohl, dass gleich hinterm Haus der Friedhof liegt? Sie weiß ganz genau, wie ängstlich meine Mutter ist. Tote meidet sie noch mehr als Durchzug.

Tima ist Mutters Schwiegermutter. Sie teilt ihre Ängste nicht. Sie lebt seit Opas Tod allein. Während des Krieges sind die Tschetniks zu jeder möglichen Stunde in ihr Haus eingedrungen, aber Opa fanden sie dort nicht mehr.
Hinter den Vorhängen versteckt, wimmerte sie lautlos, als sie dem Zug der Menschen hinterhersah, die die Tschetniks in den Tod führten. Auf dem Nachtkästchen steht nun das verblichene Bild ihres ermordeten Bruders, auf dem nie ein Körnchen Staub liegt.
Tima hat keine Angst vor den Toten. Alle, die ihr nahestanden, sind tot.
Am Morgen brutzelt sie für mich sieben Eier in der Pfanne. Warum so viele? Weil sie vom Hof sind, die unseren.
„Tima, lass das Bettlaken nicht einfach so auf dem Pfahl hängen, letztens hätte es Meliha fast ..."
„Welches Bettlaken, welcher Pfahl? Wo?"
Komisch, möglicherweise hat jemand anders das Ding aufgestellt. Wir gehen gemeinsam nachsehen. Von Bettlaken und Pfahl keine Spur.
Auch nicht vom Loch. Nichts zu sehen.
Am nächsten Abend begleitet Edin auch mich bis vor die Haustür.
Es war gar nicht mal so schlecht.

ICH BIN NICHT MEHR HIE
scientia
scientia
scientia
scientia
scientia

scientia scientia scientia

Es finden sich immer genügend Männer mit Bart, die sich dazu berufen fühlen, die Welt zu erklären und anzuführen.
Was ist das für ein Phänomen?
Der Bart des Weisen.

LIKE A PRAYER
BILLY IDOL
KUR'AN
MARX
Das Kapital
KARL
VUĆKA & VOĆKA

Nichts da … Ich studiere weiter.
Amela wird Politologin, Sabina
Rechtswissenschaftlerin.
Ich zeichne Brecht.

Dazwischen lackieren wir uns die Nägel.

Eine horizontale Gesellschaft, das ist es!
Die Bibel erwähnen wir nicht. Warum auch?
Aber viele tun es, also lesen wir auch die.
Pelikan
Smoki

Jetzt lese ich Marx

Was ich selber nicht herausfinden kann,
können ja die Professoren erklären, dazu
sind sie ja da.

Hier, unter den Humanisten, bin ich nicht
die Einzige,
hier gibt es auch andere, die sich über
die Privatisierung von allem und jedem
wundern.

Ja, jetzt sind wir eine Gesellschaft von
Individuen,
und es ist gerecht, dass der Stärkste alles hat
und der Schwächste nichts.

Seit wann sind wir mit so etwas
einverstanden,
Herr Professor? Und was machen wir jetzt?

„Jetzt machst du erst einmal deinen
Abschluss.“

MADE IN CHINA
MADE IN THAILAND
Made in SLO
MADE IN VIETNAM

Vom Staat erhalte ich kein Stipendium mehr.
Meine kritische Haltung aus dem abgebrochenen
Doktorstudium der Philosophie
tausche ich gegen vollkommene finanzielle
Unabhängigkeit ein.

Ich verdiene mein Geld in der Werbung,
hier mögen sie Kreativität.

Und mich mögen sie anscheinend besonders,
man sagt mir, ich brauche zwei Computer.
„Einen fürs Schreiben und einen fürs Zeichnen."

Aber bald stellt sich heraus …

Die Geschäftsführung sagt, die Besten werden Erfolg haben. Das Spiel ist hart, die Mannschaften und Regeln unklar. Die Kollegin versteht sie, aber mit mir spricht sie nicht. Ich bin eher klein, sie stolziert auf schwindelerregend hohen Absätzen. Mich hat sie nicht auf dem Schirm, ich bin nicht auf ihrem Horizont.

Das Jahr ist um, und weder die Geschäftsleitung noch ich wollen den Vertrag verlängern.
Das, was man von mir erwartet wird, habe ich einfach nicht.
Das weiß ich, und das wissen auch die.

Es ist schön, wieder draußen zu sein.

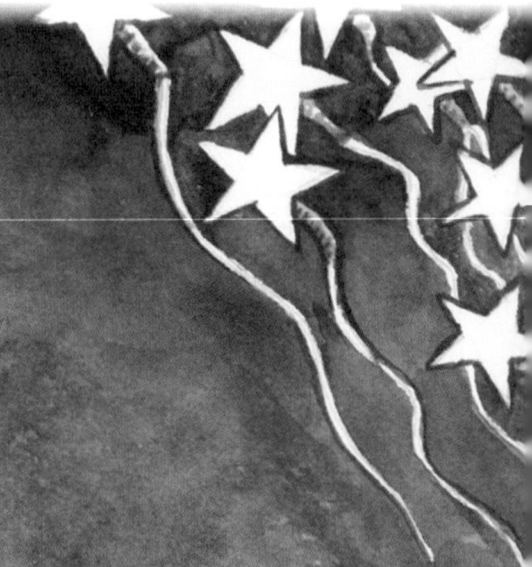

Aber bin ich wirklich wieder draußen?

Auch die EU stellt Bedingungen, wenn wir ihre Gunst erlangen wollen.
Sie verlangt Konkurrenzfähigkeit, Visionen und vertikale Mobilität.

Europa will uns auf der Seite der Gewinner sehen.
Europa ist Kreuz, und es ist Schwert.
Und sein einziger Katechismus lautet:

Der nach der Wahrheit sucht, ist nicht der Erste unter seinesgleichen.
So einem fehlt offenbar etwas.

Der Erste ist der,
der die Wahrheit
gefunden hat.

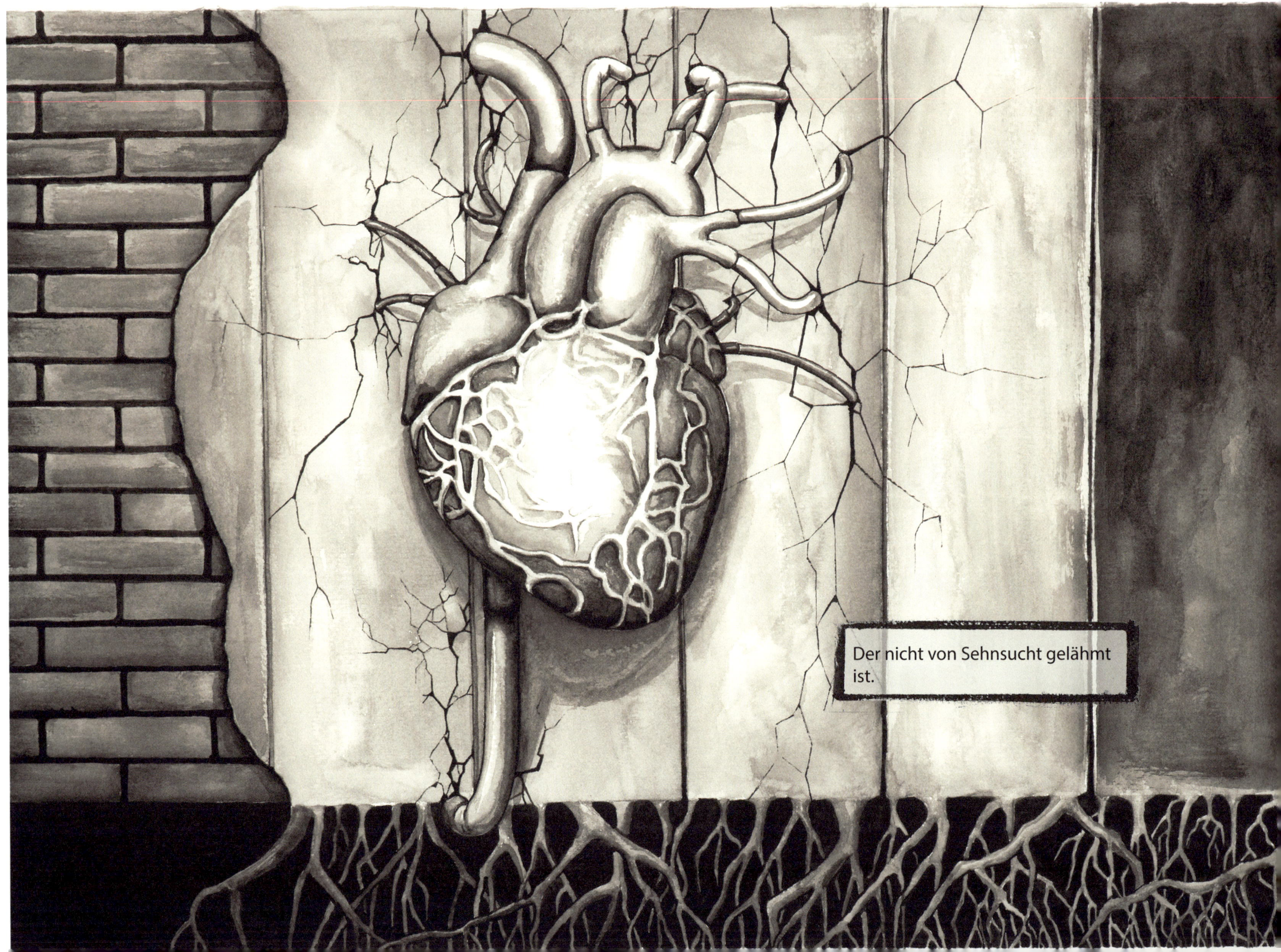
Der nicht von Sehnsucht gelähmt ist.

GOD
WANTED
DEAD OR ALIVE
search

Wer auf den eigenen Nabel blickt,
dessen Blick richtet sich nicht auf anderes.
Warum sollte er auch?

Dort hinter der Mauer kennt man die Wahrheit
nicht.

Dort ist das Reich der Löwen.

Der Westen ist sich einig:
„... Nicht Amerika wurde angegriffen.
Sondern die ganze Welt."
Auch Europa.

Europa steht auf der Seite der Sieger, auf der Seite Amerikas.

★★★

Nur als Sieger kann Europa frei sein.
Und das wird es nur dann sein,
wenn der Feind vollkommen vernichtet ist.
Doch wie lange muss man ihn bekämpfen?

Und wen genau, wer ist der Feind?

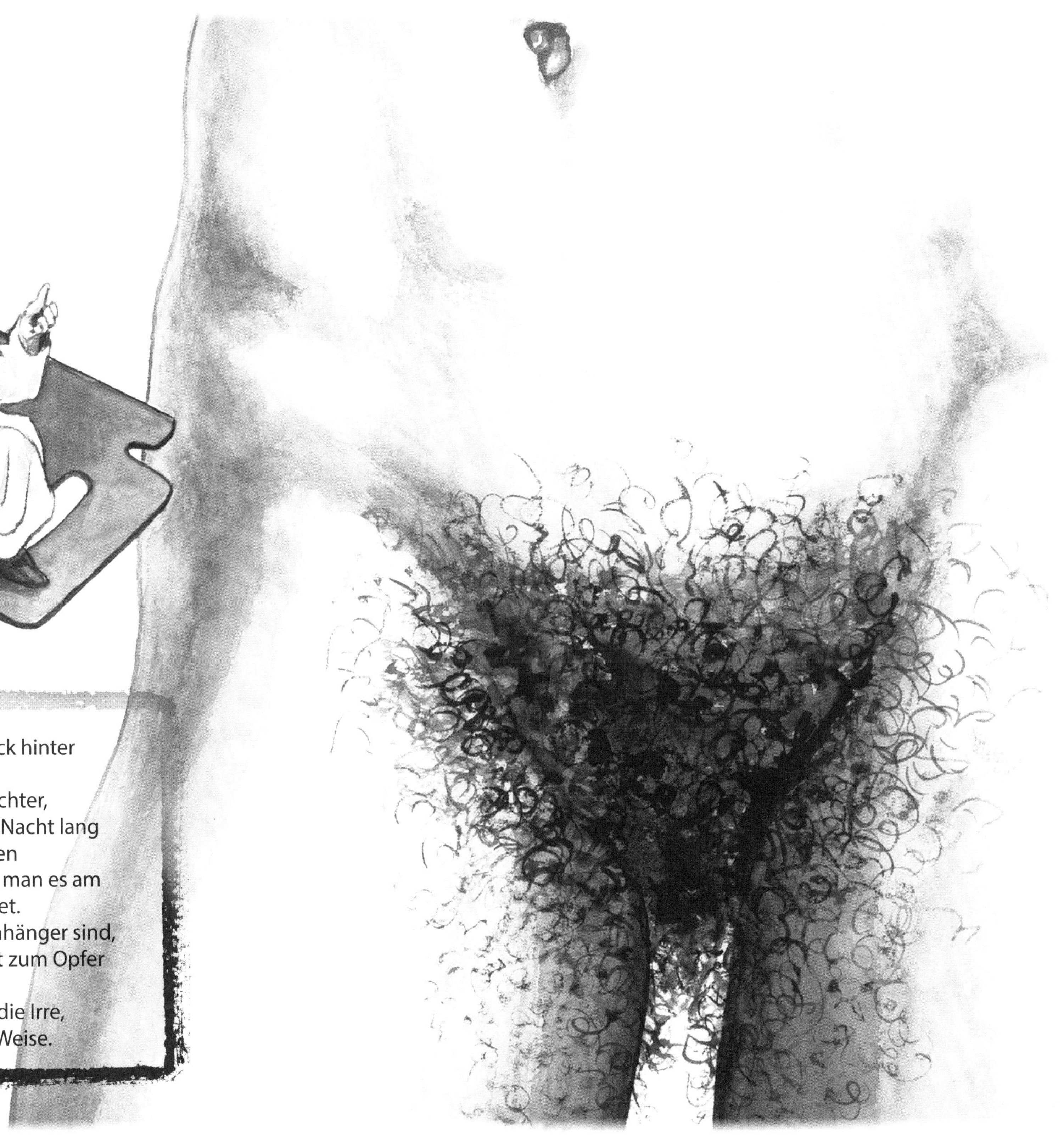

Der Feind hat es faustdick hinter
den Ohren,
er hat Tausende Gesichter,
kann uns tausendundeine Nacht lang
hinters Licht führen
… und schlägt dort zu, wo man es am
wenigsten erwartet.
Du weißt nicht, wer seine Anhänger sind,
weißt nicht, wann du selbst zum Opfer
wirst.
Der Feind führt uns in die Irre,
auf tausendundeine Weise.

Aber Europa ist eine alte Dame, die viele Trümpfe im Ärmel hat. Sie wird nicht zulassen, dass das Böse Wurzeln schlägt.

Ramadan Bayram. Slowenien. EU.

Die beiden sind seit fast 40 Jahren hier, nun in Rente.
Das Haus mit Garten in schicker Umgebung ist abbezahlt.
Sie haben zwei Töchter großgezogen, helfen mit den Enkeln.
Zwei Vorzeigebürger der EU, zwei Vorzeigebürger Sloweniens.
Vorzeigenachbarn, vorzeigbare Nachbarn, ähnlich den anderen.

Vater hat seinerzeit viele Häuser gebaut,
aber in all den Jahren hat man in Slowenien nie das eine Gebäude errichtet,
durch das er und meine Mutter sich vollkommen akzeptiert gefühlt hätten.

Eine Moschee … Möglicherweise hätten sie sie nicht einmal besucht.
Doch ihr Fehlen verkörpert
das Fehlen ihrer Heimat.

Wie lange kann die EU noch auf den Feind im Ausland zeigen?
Der ist in der Zwischenzeit, mit Arbeitsvisum, sowieso schon zur Hälfte eingedrungen.
Und beutet – angeblich – den Wohlfahrtstaat aus.

Der Islam, wirklich?
Und davor? Die Juden?
Und später? Die Chinesen?
Und währenddessen? Die Afrikaner, die Zigeuner?
Aber sie wurden doch von denjenigen durchgelassen,
die den meisten Nutzen von ihnen haben?

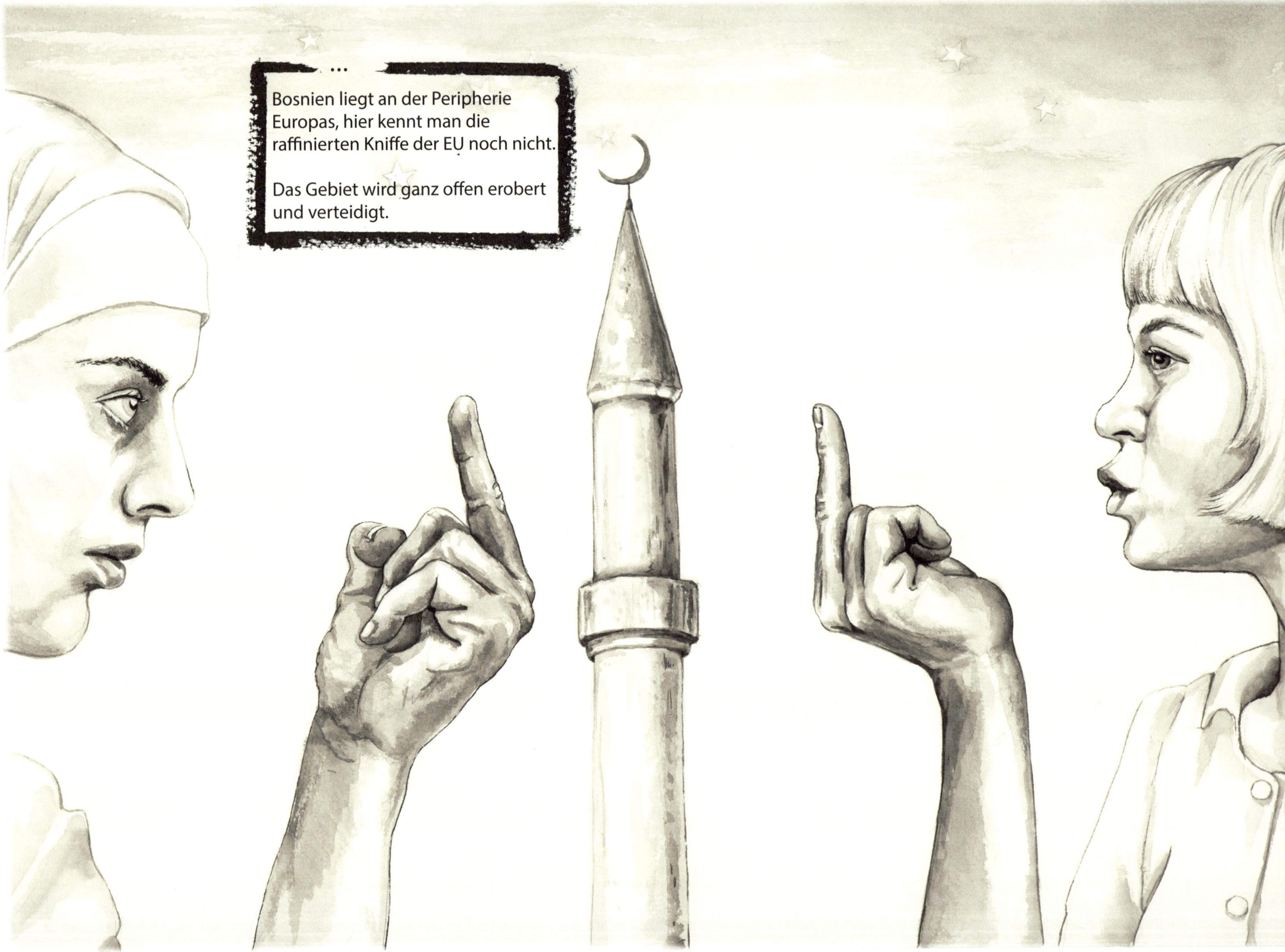
…
Bosnien liegt an der Peripherie Europas, hier kennt man die raffinierten Kniffe der EU noch nicht.
Das Gebiet wird ganz offen erobert und verteidigt.

Deshalb sagt mir die Verschleierte geradeheraus,
dass mein Rock zu kurz ist
und ich mich in so einem Aufzug
vom Friedhof scheren soll.
Deshalb antworte ich ihr geradeheraus,
dass ich keine Ahnung habe, wovon sie spricht.

Auf den Gräbern unserer Vorfahren
stehen wir uns Auge in Auge gegenüber.
Wer von uns beiden hat recht?
Wird der, der über uns urteilt,
dabei ein Auge zudrücken?

Zwischen uns ist eine Mauer,
die uns beide schützt.
Wen von uns beiden vor was?
Eine Mauer schützt nicht, eine Mauer täuscht.
Wir beide sind Gestalten, die täuschen.
Ihr Kopftuch, mein Rock.

Eine Täuschung.

Muslimische Brüste
schenkten mir Geborgenheit,
sozialistische Ideen zogen mich auf.
Auch das ist Europa.
Wenn nicht das, was ist Europa dann?
Eine Täuschung.

Ihr Kopftuch, mein Rock. Eine Täuschung.
Nur unsere beiden Körper sind echt.
Sind das Einzige,
was zwischen den Gräbern altert:

vor denen wir seinerzeit errötet sind.

Wir spazieren zwischen den Grabsteinen toter Jungen.

Sie kommen uns jetzt so jung vor.

Unsere Trauer geht von mädchenhafter Trauer

in mütterliche über (weil lebende Körper eben altern).

...

Im Dorf herrscht Stille
und in der Nähe, zu nah dran, heulen Wölfe.

Ihr Kopftuch, mein Rock. Eine Täuschung.
Nur der Körper, wenn er Glück hat, wird altern.

Na und, was dann,
wenn das Bild trügt?
Das Bild trügt immer.
Ich weiß, wovon ich spreche.
Ich habe Bilder studiert.

Ich mache das Bild.

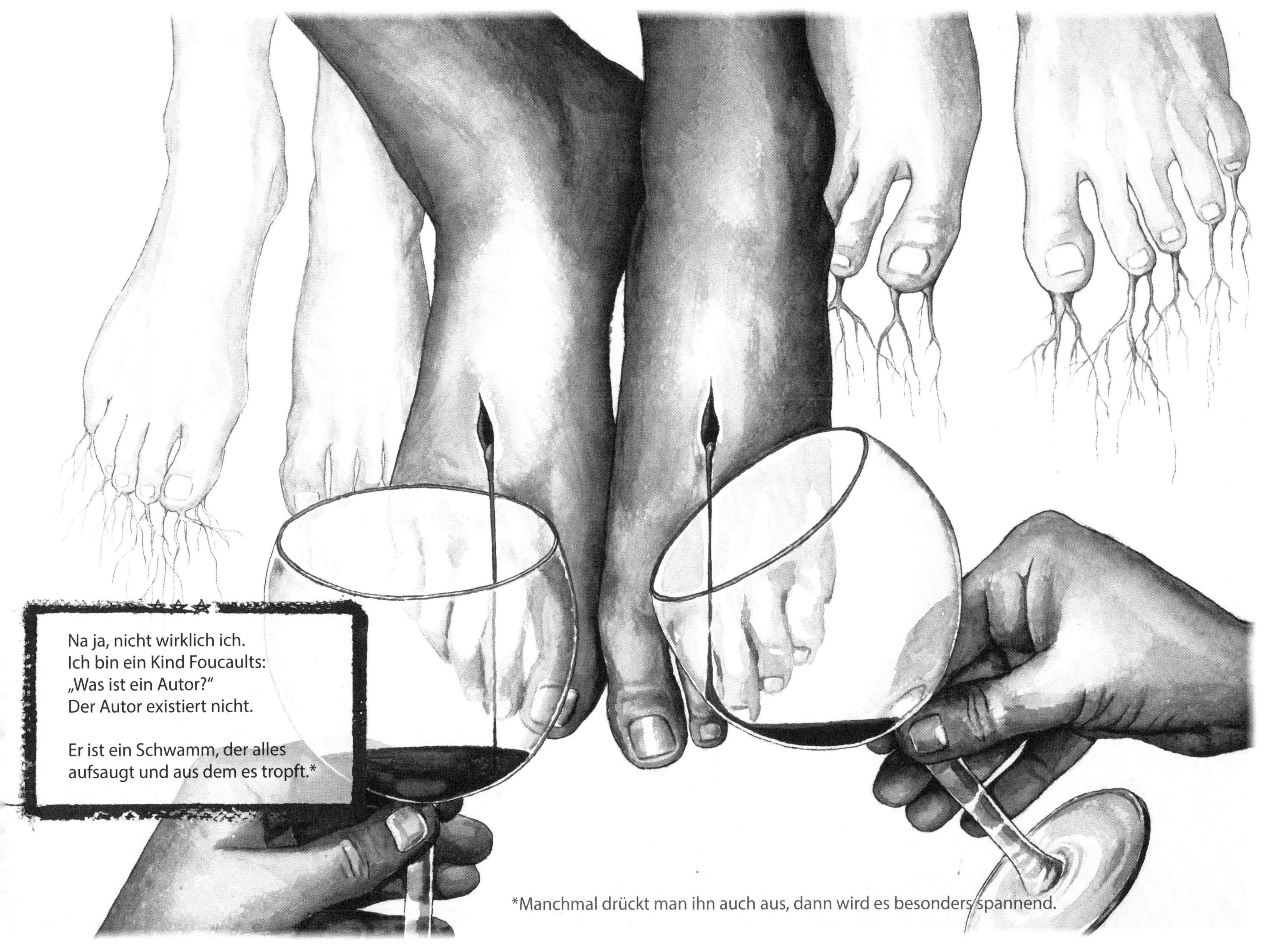
Na ja, nicht wirklich ich.
Ich bin ein Kind Foucaults:
„Was ist ein Autor?“
Der Autor existiert nicht.
Er ist ein Schwamm, der alles aufsaugt und aus dem es tropft.*
*Manchmal drückt man ihn auch aus, dann wird es besonders spannend.

Dieser Brief ist für dich, Meliha

Das Sarajevo Filmfestival, 2000 und irgendetwas.
Von so etwas hatten wir gesprochen, von so etwas hatten wir immer geträumt! Kannst du dich erinnern, Meliha?

Die weißen Moscheen, der berühmte Baščaršija-Bazar, die Trams! Damals war das alles hier für uns Kinder dort im Dorf so fern. Gefesselt lauschten wir den Geschichten über diese großartige Stadt, während wir auf der kalten Betonschwelle eures nie fertigwerdenden Hauses hockten und uns um den heißen Gemüsestrudel drängten. Erinnerst du dich?
Jetzt bin ich hier, Meliha, in Sarajevo. Ich weiß leider nicht genau, wo du gerade steckst, wir haben uns schon lange nicht mehr umarmt, zu lange ist es her. Arbeitest du immer noch nach Norm in der Fabrik oder bist du es jetzt, die den Kindern Strudel bäckt? Hast du überhaupt noch einen Job? Hör mir kurz zu: Das, was ich dir zu sagen habe, ist wichtig. Ich habe etwas von dem entdeckt, von dem uns erzählt wurde – mehr Weltoffenheit, mehr Exotik, mehr Freiheit. Eine Stadt eben. Auf den Straßen hier spazieren bildhübsche Mädchen mit einem noch unausgeprägten Instinkt für dezentes Make-up. Erinnerst du dich, auch wir haben uns alles Mögliche ins Gesicht geschmiert, Übertreibung steht der Jugend gut. Aber das hat nichts mit dem hier zu tun, weißt du, das ist überhaupt kein Vergleich. Dieses Mädchen aus Sarajevo hält die Haare gleichzeitig bieder bedeckt. Sie malt sich herausfordernde Katzenaugen, unterstreicht ihre zierliche Taille, trägt aber Kopftuch. So schlendert sie durch die Straßen. Ihre Bewegungen sind stolz und grazil, auf aristokratische Weise zurückhaltend. Sie gefällt sich selbst, zieht die Blicke der Vorbeigehenden auf sich, kommt den Touristen fotogen vor.
Mir nicht, Meliha, ganz und gar nicht. Ich sehe dich vor mir, wie du mich ohne Kopfbedeckung und barfuß zu den anderen Teenagern zerrst und mir so das Privileg des Kindes nimmst, das im Dorf Ferien macht und das Leben wie ein Zugereister aus dem Abseits verfolgen möchte. Du hast mich in die Welt schneller Bewegungen und scharfer Zungen befördert. In deine Welt. Wild und strahlend. Dich kann kein Krieg auf die Temperatur der religiös gefärbten Würde von Sarajevo abkühlen. Leg dich ruhig zu den Kindern, du musst nirgends hin, Meliha.
Du bist das, wovon wir in jenem Sommer auf der Betonschwelle geträumt haben:

Das Herz Bosniens.

BALKANALIEN

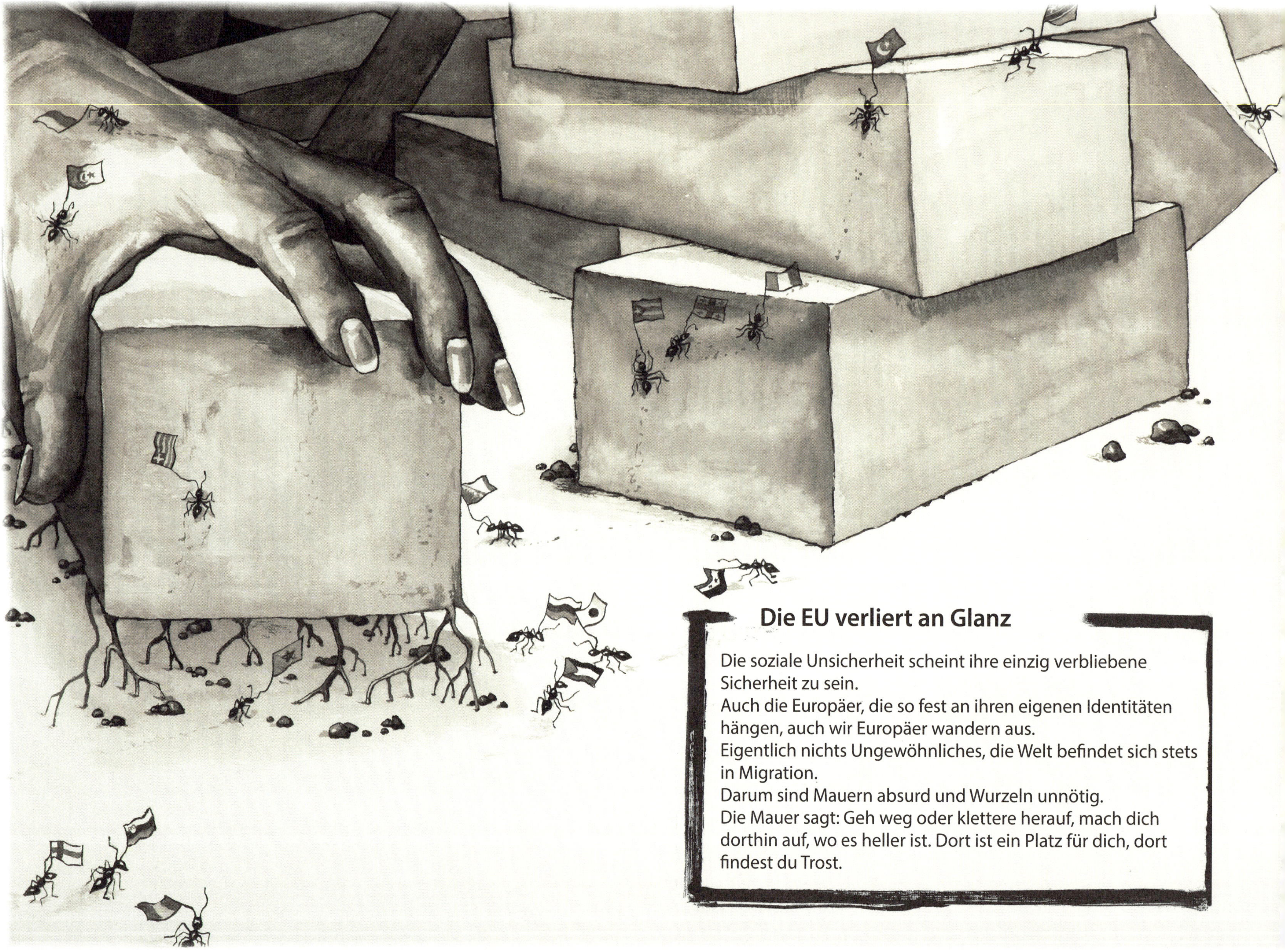

Die EU verliert an Glanz

Die soziale Unsicherheit scheint ihre einzig verbliebene Sicherheit zu sein.
Auch die Europäer, die so fest an ihren eigenen Identitäten hängen, auch wir Europäer wandern aus.
Eigentlich nichts Ungewöhnliches, die Welt befindet sich stets in Migration.
Darum sind Mauern absurd und Wurzeln unnötig.
Die Mauer sagt: Geh weg oder klettere herauf, mach dich dorthin auf, wo es heller ist. Dort ist ein Platz für dich, dort findest du Trost.

Was aber soll ich bitte mit Trost, wo mir doch schon Frustration lästig ist!
Die Augen schauen geradeaus, stecken nicht an den Seiten, nicht oben am Kopf. Ich will nicht zum Licht, ich bin keine Motte.
Ich habe nirgendshin hochzuklettern, ich glaube nicht an das dort oben.
Ich will woanders hin, dorthin, an den Horizont.
Am Horizont liegt die Utopie.
Der Horizont ist kein bestimmter Ort, darum kann man dort auch keine Wurzeln schlagen.

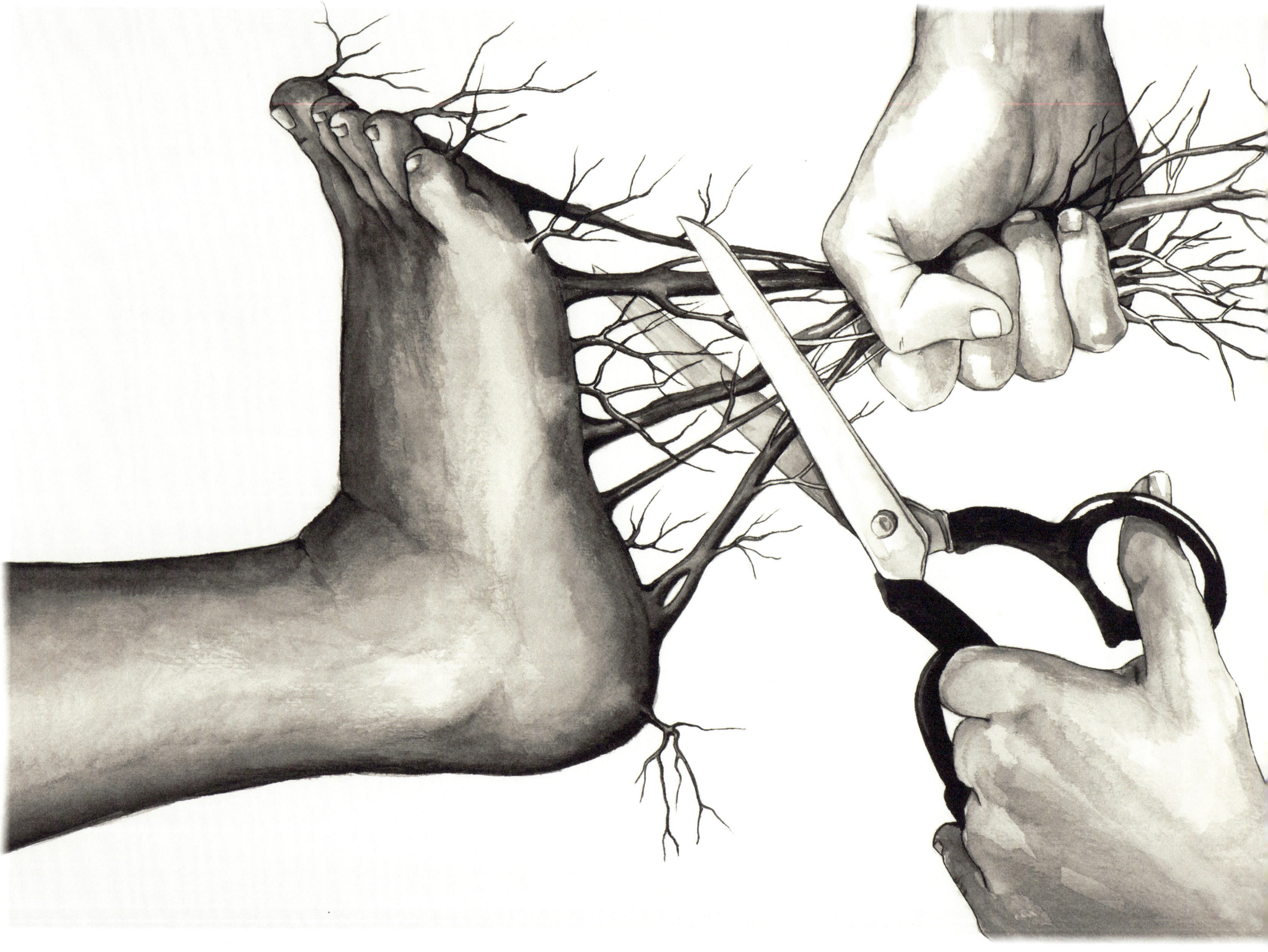

Ich kann mich dort auch nicht ansiedeln.
Aber ich kann mich dorthin aufmachen.
Ich muss nur Richtung Horizont gehen.

Am Horizont gibt es eine Gesellschaft, eine horizontale Gesellschaft.
Wo es von allem genug für jeden gibt. Dort schielt niemand nach oben
und es sieht niemand auf andere herab.

… so hat das zumindest das Kind gezeichnet.
Das Kind des sozialistischen Balkan.

Impossible is nothing.
BE THERE!
helping make your life easier.
GOING AND GOING AND GOING.
WHEN THERE IS NO TOMORROW.
CONNECTING PEOPLE.
dreams made real.
make the most of now.
TRY HARDER
just do it!
setting the standards.
SOLUTIONS FOR A SMART PLANET.
THERE IS NO SUBSTITUTE
The happiest place on earth.
HIGH PERFORMANCE DELIVERED.
A PROMISE FOR LIFE.
ARE
Believe!
best a man can get.
YOUR VISION. YOUR FUTURE.
DO MORE.
STRENGTH ON YOUR SIDE
POWER, BEAUTY AND SOUL.

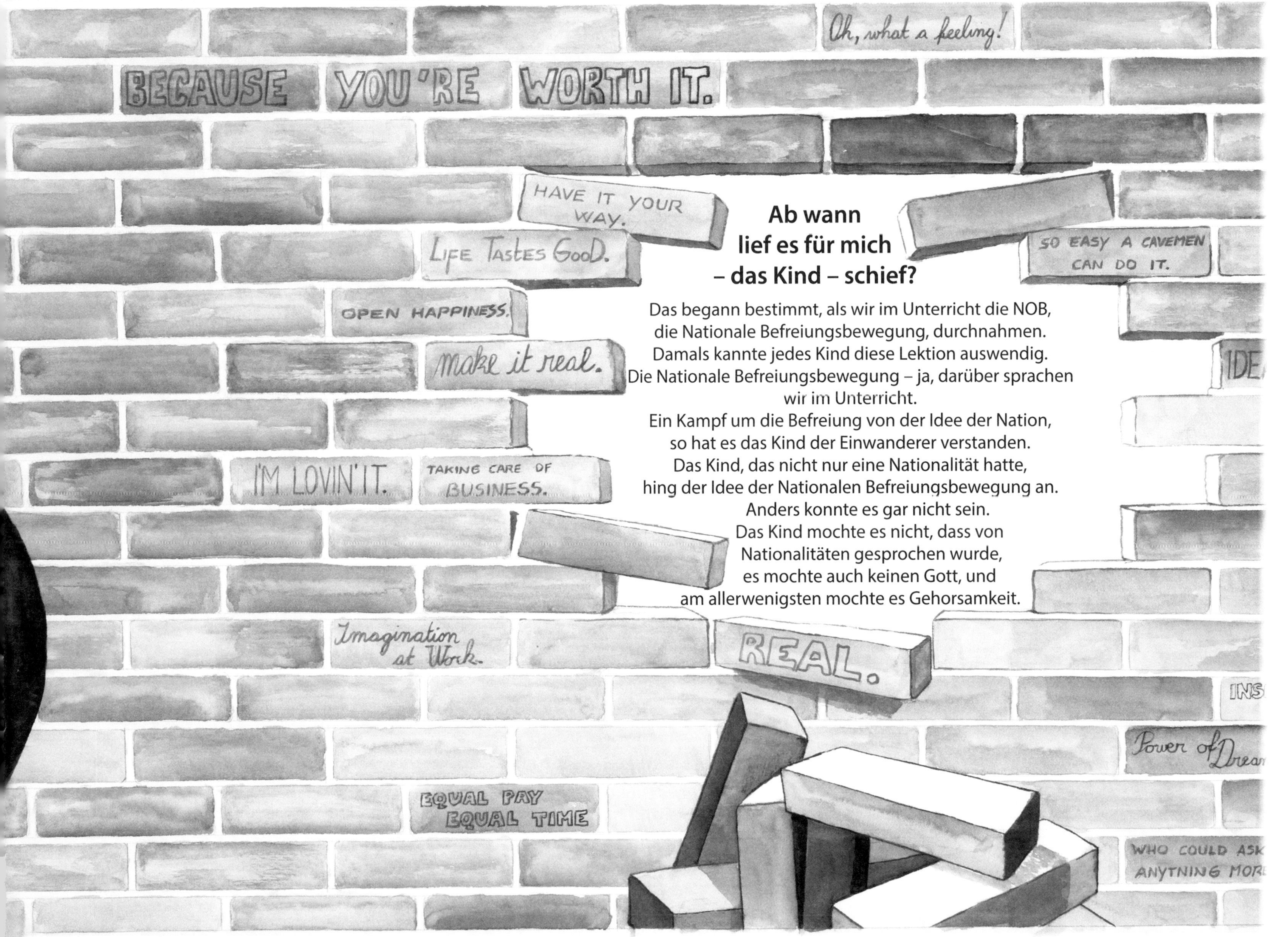

Ab wann lief es für mich – das Kind – schief?

Das begann bestimmt, als wir im Unterricht die NOB,
die Nationale Befreiungsbewegung, durchnahmen.
Damals kannte jedes Kind diese Lektion auswendig.
Die Nationale Befreiungsbewegung – ja, darüber sprachen
wir im Unterricht.
Ein Kampf um die Befreiung von der Idee der Nation,
so hat es das Kind der Einwanderer verstanden.
Das Kind, das nicht nur eine Nationalität hatte,
hing der Idee der Nationalen Befreiungsbewegung an.
Anders konnte es gar nicht sein.
Das Kind mochte es nicht, dass von
Nationalitäten gesprochen wurde,
es mochte auch keinen Gott, und
am allerwenigsten mochte es Gehorsamkeit.

Na und, was nun, als dem Kind derselbe Staat aufgrund des militanten Nationalismus zerfallen ist?
Na und, was nun, da vor lauter Angst, dass sich dieser Wahnsinn wiederholen könnte, der ganze Balkan in die EU flüchtet?
Na und, was nun, wenn auch diese EU immer mehr einem Käfig voller Nationen gleicht?

Das Kind dachte, die NOB war einzig und allein eine Lektion darüber,
dass es in Zukunft keine Nationalitäten geben wird, dass die Auswanderer die Zukunft sind.

Das Kind ist schon lange kein Kind mehr.
Hier sind die Auswanderer, hier sind alle die, die ohne Wurzeln geblieben sind
und für die darum auch Mauern überflüssig sind.

Wer bin ich heute, wenn nicht die,
die etwas von dem entstehen lassen kann, was dem Kind wichtig war:
einen unverstellten Blick auf den Horizont,
eine Gesellschaft am Horizont.

Eine horizontale Gesellschaft.

EPILOG

Bosnien ist weit weg

Morgen findet das Trauergebet statt. Die Tante, die ganz besondere, ist gestorben.
Bioenergie, pflegte sie immer zu sagen. Als sie aus dem Exil zurückgekehrt war, pilgerten auch Serben zu ihr. Da war sie dann immer beschäftigt.
Entweder kochte sie gerade etwas für ihren Mann, der das Tschetnik-Lager überlebt hatte und den Forensikern nun mit den anderen im Dorf bei der Ausgrabung der Leichen half,
oder sie versorgte gerade mit ihrem Sohn das Vieh.
Oder aber sie küsste ihn zum Abschied, ehe er zu seiner alljährlichen Reise nach Srebrenica aufbrach.

Spätsommer, warmes Nachmittagslicht. Die Tante gibt es nicht mehr.
Wir sitzen im Auto.
Unter dem blauen Himmel blüht eine steinerne Tulpe. Jasenovac, Kroatien. Die Blume ist ein Denkmal für die Opfer des Ustascha-Staats, des Unabhängigen Staates Kroatien.
Gleich darauf dann die Republik Srpska Krajina im Wahlkampftaumel. *Srpska, kuća do kuće*. Das neue Motto der Regierungspartei ist das alte Motto der serbischen Kriegsverbrecher.
Danach kommt die Föderation Bosnien und Herzegowina. Im Kanton Una-Sana steht eine Moschee neben der anderen. Und nicht viel mehr.
„Wo sind die Schulen, wo sind die Fabriken? Ein Mensch kann vom Glauben allein nicht leben", sagt Vater. Aber Moscheen haben ausländische Wohltäter. Schulen eben nicht. Anstatt Arbeit gibt es humanitäre Hilfe. Ein Interessenskonflikt? Keineswegs. Der Fremde verteidigt die eigenen Interessen und investiert in sie. Die Interessen der Bildung und Emanzipation vertritt kein Kapital.

Fremdes Kapital, fremde Herren.

Der Balkan: Ist man des Nachbarn Wolf,
wird man des Fremden Lamm.

Samira Kentrić,
geb. 1976, kommentiert als feministische Künstlerin, Autorin und Performerin die politischen Prozesse in Europa und im Nahen Osten, wobei sie immer wieder persönliche Alltagserfahrungen mit der politischen Auseinandersetzung verbindet. Ihre Arbeiten sind in Slowenien, den Niederlanden und den USA veröffentlicht und ihre Bilder in zahlreichen europäischen Städten ausgestellt worden.